掌控微力

企业微信营销最新落地实操方案

陈建英 褚磊◎著

当代世界出版社

图书在版编目（CIP）数据

掌控微力：企业微信营销最新落地实操方案 / 陈建英，褚磊著. -- 北京：当代世界出版社，2015.8

ISBN 978-7-5090-1042-6

Ⅰ.①掌… Ⅱ.①陈…②褚… Ⅲ.①企业管理—网络营销 Ⅳ.①F274

中国版本图书馆 CIP 数据核字 (2015) 第 166906 号

书　　名：	掌控微力：企业微信营销最新落地实操方案
出版发行：	当代世界出版社
地　　址：	北京市复兴路 4 号（100860）
网　　址：	http://www.worldpress.org.cn
编务电话：	（010）83908456
发行电话：	（010）83908409
	（010）83908455
	（010）83908377
	（010）83908423（邮购）
	（010）83908410（传真）
经　　销：	全国新华书店
印　　刷：	北京毅峰迅捷印刷有限公司
开　　本：	710 毫米 × 1000 毫米 1/16
印　　张：	18
字　　数：	245 千字
版　　次：	2015 年 9 月第 1 版
印　　次：	2015 年 9 月第 1 次
书　　号：	ISBN 978-7-5090-1042-6
定　　价：	42.00 元

如发现印装质量问题，请与承印厂联系调换。
版权所有，翻印必究，未经许可，不得转载！

目录
CONTENTS

序言｜你可以不玩微信，但你不可以轻视微信

掌 掌是掌握。掌握微信营销当前的形势。微信世界，机遇丛生。有人半路天折，自身难保。有人则擅于识势，知己知彼。

第一章 微革命爆发："跳出地球表面"的微信营销

一场由微信红包引发的支付革命 / 3
微信营销，已进入深度实战阶段 / 7
微信，不仅仅是支付 / 10
马云：我要为微信竖大拇指 / 14
三大品牌领衔开启营销新时代 / 17

第二章 圣战之下：你的企业能驾驭微信营销吗？

数据平台：你的企业能驾驭"大数据"吗？/ 22
移动平台：你的企业能与电商接轨吗？/ 24
个性产品：你的企业能掌握研发技术吗？/ 27
提供方案：你的企业能策划更多活动吗？/ 29
账号代管：你的企业能做好运营工作吗？/ 31
便民服务：你的企业能提供增值服务吗？/ 33

> 控　控是控制。控制微信营销的节奏与火候。微信爆红是好事，可越是热情的笑脸，越容易掩饰真实的冷面。

第三章　价值分析：6亿用户背后的商业潜力

隐藏在微信中的机遇与红利 / 39
潜力1：Soft Advertising / 41
潜力2：VIP / 43
潜力3：App / 44
潜力4：LBS / 45
潜力5：CRM / 48
潜力6：IoT / 50

第四章　精准定位：让公众号占据用户心智中仅有的位置

定位：精准选择营销目标 / 53
炫目：让公众号更高大上 / 58
原创：复制粘贴难以长久 / 60
竞争：新环境下的争夺战 / 62
碎片：去中心化时代来临 / 64
吸引：有效粉丝才有出路 / 66

第五章　精细运营：一微万利的微支付与微商模式顶层设计

探底：微支付爆红的秘密 / 71
爆发：一天突破一亿用户 / 74
肉搏：企业之间的红包战 / 77
营销：走进移动社交时代 / 80
优势：朋友圈微店更好做 / 82
思维：轻电商的5大思路 / 85
开店：基于微支付的微店 / 88
玩店：无需付费也有人气 / 91
运营：朋友圈的商业奇迹 / 94

微 微是细小，微小的营销细节。一沙一世界，世界本由微小的细节构成，而细节却最容易被忽视。

第六章 微扩张：低成本运作，微信平台变商业柜台

电商：用微信做电子商务 / 99
扩张：延长品牌"生命线" / 103
成本：抖掉身上的"包袱" / 106
柜台：平台可以无限可能 / 109
互动：重视你的用户感受 / 112
故事：积淀传播品牌文化 / 115

第七章 微收费：前后向收费，向微信电商要利润

小而美：微信电商的淘金时光 / 119
VIP：增值服务的N种可能 / 122
游戏：做好利润的"嫁衣" / 125
品牌广告：集中营销"火力" / 128
商业广告：加入百人微信群 / 131
植入广告：富媒体自助传播 / 134
投放广告：把TA带入新页面 / 137
软性广告：藏起来的广告语 / 140

第八章 微营销：创造属于自己的营销价值

O2O：专属于微信时代的革新 / 144
折扣：挑起用户购买欲 / 147
分享：让朋友圈传递更多价值 / 150
细化：营销可以变得更简单 / 153
开放：小米创纪录的秘密 / 156
影响力：扩大在社交圈地位 / 159
促销：吸引更多关注的目光 / 162
竞赛：满足顾客的虚荣心 / 165
联盟：线上线下活动共同推进 / 168

第九章　微法则：让企业名声大震的十大路径设计

设计1：发挥领袖魅力，引导TA消费 / 173

设计2：关注用户评论，发现新需求 / 176

设计3：改变消费观念，渗透新思维 / 179

设计4：借力病毒营销，微信加互联 / 182

设计5：利用即时互动，强化沟通力 / 185

设计6：深挖特殊属性，树立新形象 / 188

设计7：进行深度营销，发现新大陆 / 191

设计8：提供更多服务，让用户认可 / 194

设计9：深入用户圈子，吸引注意力 / 197

设计10：运用辅助工具，增加新消费 / 200

力　力是力量。微信营销给企业以力量，也带来惊喜的结果。力也是眼力。别人只看到支付宝571亿成交额，马云看到的是10年后的淘宝。

第十章　玩转微信：各界前辈如何在"风口"中前行

单日订房数破万的7天连锁酒店 / 205

开展"微信实验"的三只松鼠 / 207

重新定义广告标识的凯迪拉克 / 210

最"潮"创意营销的金六福 / 212

与微信支付对接的银泰百货 / 214

文艺地传播文化的豆瓣同城 / 216

想说掉粉不容易的小米手机 / 218

线上与线下结合的优衣库 / 220

百万订单不是梦的海底捞 / 222

微信预定一个亿的维也纳酒店 / 224

日均出票8000张的万达影城 / 226

30万人聚集微信抢购华为荣耀 / 228

微信接客8000人次的天虹 / 230

第十一章　风向预测：遇见红利，成为敢于拥抱变化的成长型企业

微信营销，再不做你又要"迟到"了 / 233
大有可为的微网站 / 237
移动互联网时代的"微机遇" / 241
微信C2C，电商大动作 / 245
微商城也有"出头天" / 248
转角遇见下一波红利 / 251

序言｜你可以不玩微信，但你不可以轻视微信

你下班后，一边匆忙走出公司大楼，一边在手机屏幕上简单地滑了几下，使用了嘀嘀打车软件。几秒钟里，Taxi司机大哥就打来电话与你确认候车的地点。不到1分钟，司机大哥就面带微笑来到你面前，载你驶向目的地——这就是移动互联网给我们的生活带来的便利。

不仅如此，移动互联网时代也让微信走进了人们的视野。

你可以不玩微信，但你不可以轻视微信。

在微信的世界，朋友圈以最阳光、透彻的方式，让你与微信好友更迅捷地交流。我们能时时刻刻关注朋友的动态信息，也能越来越多地看到商品、旅行、餐饮等生活服务信息，就像走进了一座"掌上商城"。与此同时，也让那些为我们提供信息和服务的商家展开了一场没有硝烟的战争。

如今，用微信做电商（即电子商务）的企业不少，但结果却是有人

欢喜有人愁。

在电商3.0时代，最具代表性的平台就是微信，它在历经尝试、探索、观望和质疑后，有失败更有成功。而它在娱乐、游戏、社交和商业等领域的火爆程度，正逐渐超越其他平台。大多数微信电商和企业，在探索新事物的门槛前，正踌躇彷徨。只有以正确的思维行动、科学的战略布局，我们才有可能突出重围，再造蓝天。

为什么说微信平台最具代表性？

在2015年春节期间，"抢红包"——这个充满趣味性、参与性功能的活动成了最大看点。很多人因为厌倦了一年一度的春晚而主动加入了"抢红包"的行列，更有甚者因为"抢红包"太积极而忘记了看春晚。据统计，在2015年2月18日央视羊年春晚的"红包大战"中，从晚会开始到结束，微信摇一摇达110亿次。

微信究竟有何魔力？它到底有哪些未被发掘的宝藏？为什么微信会成为超级应用平台并普遍被看好？企业该如何通过微信公众号、订阅号营销？

微信作为一个社交通讯工具，使用方法非常简单，但它绝不仅仅是个聊天工具。

从商业的角度来看，企业要想通过微信平台搭建一个移动端的商业帝国绝非易事。如何才能在移动互联网时代，赢在微信营销——这也是本书创作的初衷。本书通过最新的商业案例直观易懂地描述微信商业化现象，并增加了对微信未来前景的预测，同时对微信的社会价值、商业价值及营销模式进行了分析；通过对微信红包、公众号、订阅号、微商圈、微店等最新案例的剖析，为企业提供了更具实操性的营销策略，全方位地总结了涉及的方法、技巧、策略及禁忌等等，为企业提供参考。

每次在机场候机，看着几十上百吨重的飞机被一股强大的动力推向蓝天时，我都会感慨：平时我们看似难以实现的事情，只要有了足够的动力和方法，或许都是可实现的。正如传统企业要转型成互联网＋的企业和电商，就必须有强大的动力和科学的方法。一方面，不管是我国的商业主体还是政府，对企业电商平台的建设都非常重视；另一方面，我国的传统企业渴望转型，信息化、移动化、电商化，微信平台已经悄然来到了我们的指尖。唯有不断超越、探索，丢掉包袱，我们才能插上飞翔的翅膀，像飞机一样直冲云霄。

如今社交工具的迭代之频繁，商业变革速度之快，常常令人应接不暇。不管你是即将创业的个人还是即将转型的微、小、中企业，都应该努力适应时代的发展，紧随科技的浪潮，在探索和前进中不断调整自己奔跑的速度、方向和方式！

衷心希望本书能从多角度为您提供知识点，能从背景、趋势、应用工具、产品、管理、建设渠道等方面为企业助力。

没有绝对成功的企业，只有跟上时代节奏的企业。

第一章

微革命爆发"跳出地球表面"的微信营销

一场由微信红包引发的支付革命

"恭喜发财，红包拿来"。

——发红包本是中国人春节的传统习俗。

然而，一个传统的节日习俗在今天的互联网时代，被赋予了崭新的形式。

"拆开红包真的有钱！"

——这是很多抢微信红包网友的心声。

"昨晚你摇了吗？"

"摇到多少钱？"

"你抢红包和发红包收支平衡了吗？"

"摇"、"抢"、"发"——一夜之间，红包"飞入寻常百姓家"，改变了中国人看春晚、过大年的方式。很多人因为厌倦了一年一度的春晚而主动加入了"抢红包"的行列，更有甚者因为"抢红包"太积极而忘记了看春晚。据统计，在2015年2月18日央视羊年春晚的"红包大战"中，从晚会开始到结束，微信摇一摇达110亿次。峰值达8.1亿次/分钟，祝福在185个国家传递了3万亿公里。

以下是从观察者网获取的一份来自"外星人"的电报："报告总部，报告总部，在这个星球上的生物比较奇特。他们规模庞大，达几千万至上亿。他们集体执行着一个称为'Hong Bao（红包）'的任务，这个任务由一大一小两个液晶屏组成，包含一些视频、图片与数字。他们兴奋异常，不停打字，间或发出狂笑，时间长达几小时。目前还不清楚执行此任务的目的。我们认为这个星球的生物并不具备与我们抗衡的高等智能，但集体动员能力极强，建议暂缓攻占，继续观察。"

如果说微信红包已让支付宝钱包有了危机感，那么已经被微信甩开好几条街的就是短信。在前几年，每年大年三十和正月初一都是全国发短信拜年的高峰期，但 2015 年类似景象却销声匿迹，取而代之的是使用社交工具拜年。

这让诸多企业从梦中惊醒：原来我国的互联网竞争，已经进入了场景时代。单纯的文字短信祝福已经满足不了全国人民的热情。

"红包大战"背后的商业逻辑

在发红包、抢红包的背后，三家巨头网络公司打着各自不同的算盘。归根结底，其最终落脚点都在于支付。

2015 年三大网络公司"红包大战"概况			
"大战"对象	"战略武器"（发放红包总额）	"战争策略"	"战果"
支付宝钱包	10 亿	现金红包和消费抵用券总规模在 10 亿元以上。	阿里巴巴借红包功能强化自己的社交属性，并拉动了新版支付宝钱包 App 下载量。
手机 QQ	30 亿	30 亿手机 QQ 红包通过明星红包和企业红包发出。	腾讯借红包在社交电商平台实现了"弯道超车"。无论是手机 QQ 还是微信都大大提升了用户参与度和黏度。
微信	5000 万	与春晚合作，在除夕夜与多家品牌商联合发微信红包，据悉合作门槛是 5000 万元。	
微博	10 亿	联合春晚发起"春晚让红包飞"活动，预计红包价值 10 亿。	新浪通过红包提升了知名度和活跃度。尤其是名人、大 V 账号的参与度。

1. 阿里巴巴

对阿里巴巴而言，眼看微信红包 2014 年一炮而红，支付宝被微信突袭。那么在 2015 年春节期间，支付宝必然要计划扳回一局，制约微信支付对市场的吞噬。而支付宝还可以通过"来往"联合明星一起发红包。阿里巴巴强化自身社交属性的意图已经显露无遗。

2015 年 1 月 26 日，支付宝钱包 8.5 版本正式发布，新增了"红包"功能，但该功能只能通过支付宝钱包、来往和新浪微博分享给好友，因此被不少喜欢在微信群分享的用户吐槽——"世界上最远的距离是，钱在支付宝账户，朋友在微信群等我。"

但这并未妨碍网友抢红包的热情。如图所示是支付宝官方发布的"抢红包时刻表"。

看到如此频繁的时间点和庞大的数额,想必就算本没有抢红包欲望的人也会抱着试试看的态度,顺手更新到最新的支付宝钱包版本。简单的红包功能,增加了支付宝钱包最新版本的下载量,培养了用户使用支付宝钱包的习惯,可谓"一石二鸟"。不管在"大战"中排第几,阿里巴巴的目的都达到了。

支付宝钱包抢红包时刻表 打开支付宝钱包(8.5最新版),就能抢新春红包!			
日期	时间	现金	购物红包
2月11日	10点	1000万	3000万
	16点	1000万	5000万
	20点	1000万	5000万
2月12日	10点	300万	
2月13日	10点	250万	2500万
2月14日	10点	300万	
2月15日	10点	250万	2500万
2月16、17日	休息	红包发家了,休息两天再继续~	
2月18日(除夕)	10点	1000万	2500万
	20-24点	20、21、22、23、24五个整点,1亿!	两亿
2月19日(初一)	10点	500万	2500万

支付宝钱宝抢红包时刻表

2. 腾讯

腾讯公司副总裁表示:"手机QQ在2014年推出QQ钱包功能,基于这个功能我们在去年开发了一系列支付场景,像购物、吃喝玩乐、彩票等,红包作为一个强需求的支付场景,对于手机QQ这样的社交平台来说,十分有价值,所以赶在春节这个契机,我们也顺势推出了自己的红包功能。"

与2014年除夕夜不同的是,2015年手机QQ红包由两种形式构成:一种是由十多名当红大牌明星领衔派发明星红包;一种是联合十多家知名企业派发企业红包,而两种红包的金额高达30亿元。

同样,手机QQ也贴心地发布了"2015QQ春节红包日历",如图所示。

腾讯的成功之处在于除了有手机QQ参与"作战",微信红包也"诺曼底登陆",在移动支付大战的新格局中,强强联合进一步蚕食了移动支付的市场份额。

另外,自从腾讯闯入支付领域后,财付通一直不温不火,直到微信红包助其打

2015QQ春节红包日历

了一场漂亮的翻身仗，一夜之间拉动了微信支付的用户数。而2015年腾讯之所以加入了手机QQ红包，在于微信支付成熟后，想再次借力将手机QQ支付推向高潮，进一步培养用户移动端口的支付习惯。

3. 新浪

与阿里巴巴、腾讯相比，新浪似乎不占优势。随着微博平台上的优质内容越来越少，用户在没有新鲜事物作为驱动力时，微博用户的增长下降是必然趋势，被微信朋友圈的用户活跃度超越也是迟早的事。但好在新浪微博明星、大V账号用户数众多，联合支付宝率先发起了"明星发红包"的活动。据新浪数据统计显示，截至2015年2月2日16点，微博送出的红包数为549万个。新浪"抢红包"活动的吸引人之处在于，"粉丝"可以通过微博平台，给自己的偶像往红包里塞钱，而发出的红包也会显示为由"粉丝"与偶像联名发出。这种"联名"模式大大刺激了"粉丝"的热情，提升了参与度。活动刚上线不久，给2015年最火的明星组合TFBOYS成员王俊凯"塞钱"的粉丝就高达6000多人。据统计，在"最有钱红包榜"上，影视明星范冰冰、TFBOYS成员王俊凯、知名自媒体人万能的大熊排名前三。

有了各界大腕明星和企业电商助阵，微博同样轻松拉动了"粉丝"参与度，在春节期间锁住了用户的心。

纵观上述所有"抢红包"的模式，建立的基础都是移动支付。互联网时代，从PC端到移动端的转变和影响，不仅体现在某个独立的层面，更是一个平台从生活服务到社交通讯等商业模式的综合较量。而移动支付则是支撑这些商业形态变化、迁徙的最有力的工具。

微信红包的火爆，不仅在于它读懂了移动互联网的魅力和优势。在2015年"红包满天飞的"时代背景下，春节这个全民共享的盛世节日，终于成全了一场声势浩大的"全民抢红包"、"全民娱乐"的饕餮盛宴。总之，2015年的"抢红包"，从市场角度而言，从传统的品牌推广，转变为互联网金融和移动支付的狂欢；从社群关系而言，则从企业结合互联网平台推广升级为用户自己发的社交方式。

尽管都是"抢红包"，支付世界却已是大不同。

微信营销，已进入深度实战阶段

微信公众平台起步于 2012 年 8 月。在短短两年内，微信公众账号数就多达 600 万个。这样的发展速度依托于我国移动互联网技术的成熟与发展，既向世界宣告：微信营销已进入深度实战阶段，也表明了"微生态"的社会价值与渗透。

什么是社会价值与渗透？

简单来说，就是微信这个庞大的生态圈，其营销渗透到用户的效果渐渐明朗化，微信自身的社会价值越来越多地获得企业的认可。

任何一个平台发展之初，都有一些对新鲜事物极为敏感、创新力数一数二的企业立刻加入。它们获得了新用户的支持并不断蔓延，往往有一个良好的开端。这时，企业的用户就会产生更多新的需要，企业也会生产

微信营销的渗透

更多的商品，不断地对用户进行渗透。而一旦有更多的企业和用户参与进来，企业就会创造更多的社会价值。

这种蔓延的速度有多快？

淘宝在2011年拥有的卖家数量约为600万，换言之，淘宝用了9年的时间发展了600万个卖家。而同样的卖家数量，微信只用了两年不到。这样看微信的"生态圈"，或许你会从中发现更多价值和机遇。

1. "微生态"

早在2012年微信公众平台问世之初，就有学者预测这一平台将成为移动互联网时代的开放平台，成为企业基于用户分析、客户关系管理的，最精准有效的推送工具，并且微信通过"扫一扫"功能，自动扫描售货机上的二维码，实现了在线支付、购买功能。

微信公众平台的"空窗期"很短暂。2012年至2013年下半年，除了一些互联网公司的创业者频繁地使用微信作为通讯工具外，企业对网络平台营销的认识还停留在微博上。但还不到一年时间，整个微信"生态圈"就一片红海。到了今天，不管是服务商还是企业都一窝蜂地涌入微信公众平台。用许多企业管理者的话说是"不管营销做得好坏，先注册个公众账号再说！"

如今，许多企业纷纷放弃了短信沟通，而使用微信将消息送达用户。利用微信对客户关系进行管理、精准营销是大部分企业加入微信公众平台的目标。

迟早有一天，市场将重新洗牌。

前几年，很多企业都在尝试开发各种微平台、微网站，包括腾讯自己，大有"一招鲜遍天下"的架势。鲜有人对行业进行深挖，而随着企业纷纷加入微信公众平台，以企业所在行业为基础的个性化需求越来越多，在未来，这将成为第三方微信平台的主流产品。

那么，我国目前的"微生态"的现状如何呢？

2. "微现状"

据微信团队官方统计，目前已有6000多家服务商从事微信开发工作。

其中 80% 以上的商家为企业化运营。这预示着企业微信会往产品化、技术化的方向发展。

再看我国目前经工商注册的中小企业总量高达 4200 万家，虽然与往年比上升趋势明显，但也因此面临更加严峻的挑战。加上微信平台在短时间内已是"一片红海"，借助互联网新势力成长，打造新生态成了越来越多企业家的共识。并且大部分企业家都将微信作为首选的转型平台。只是许多企业还缺乏产品、技术研发人才和营销技巧。

3. "微机遇"

早期进入公众平台的企业，无论在资金储备还是品牌影响力、用户数上都有较大的优势。但这并不意味着后来者就痛失机遇。

微信公众平台虽然具有开放性，但要想在开放平台的基础上打造一个用户通用的"第二开放平台"是很困难的。就好比我们不能指望一款产品满足所有的用户群体。因此，向横向拓展，将眼下的垂直领域做透彻，为更多用户提供跨平台的应用服务才有可能脱颖而出。

另外，企业要想发现更多机遇，就要思考如何让企业连接上每个用户，让产品的传播和企业的服务成为最优组合。微信公众平台只是为我们提供了最基础的渠道。接下来还需要企业和微信平台共同努力和渗透，创造更大价值。而这，尽管蕴藏着无限爆发力，也将是一个漫长的过程。

然而，我们依旧应该庆幸自己遇见了这样的时代，并能够和所有人一起经历这个过程。我们将在等待中见证这一天的到来！

微信,不仅仅是支付

三年前,微信说它不仅仅是聊天工具。而现在,微信不仅仅是支付。作为目前移动支付的领导者,支付宝钱包迎来了大量的竞争对手,其地位因为微信支付的出现而开始被撼动。

红包大战让我们相信,腾讯通过微信平台,已经开始进军移动支付领域。

与支付宝从 PC 端积累用户,再将这种优势向移动端迁徙不同,微信支付从上线之日起,就是纯粹移动端的产品。DCCI 互联网数据中心主任胡延平认为:"微信红包像是一个亲朋好友社交圈里相互间金额较小的游戏,是一个互动的过程,腾讯也是想借机激活微信支付的潜在客户。支付宝红包更像是一个大卖场的实惠大抽奖。微信红包数额小,类似于电子商务 C2C 的模式,而支付宝的红包金额没有这么多的限制,支付宝是一个商业生态圈的商业促销活动,企业参加的比较多,商户多,是 B2C 和 C2C 的结合。"

抢红包引爆微信支付

微信开发的两个主要功能	
功能	描述
支付	绑定用户银行卡、增加支付功能。 场景:游戏中,与微信好友的互动数排行榜的位置,激励了用户产生购买道具提升游戏体验的意愿,从而使用支付功能。
扫一扫	CD 封面、图书封面等产品都可以进行扫描。 场景:部分图书扫描后,可以显示豆瓣电子书、亚马逊、当当网等购买渠道,还能显示豆瓣书评。

在这之后，微信支付的场景更加多元化：

● 彩票购买（目前由于我国福彩中心的政策，所有网络购票渠道已暂停销售）；

● 手机充值；

● 电影购票；

● 打车付款；

● 信用卡还款；

● 医院挂号预约；

● 快递支付。

微信支付和支付宝钱包分别是腾讯和支付宝强大的"手机移动端支付产品"。为了培养用户绑定银行卡、使用微信支付的习惯，微信自2015年初便开始行动：

● 1月10日推出了嘀嘀打车车费减免活动；

● 1月15日理财通上线试运行；

● 1月25日上线的微信新版本加入了"红包"功能，将"抢红包"推向了高潮。

有用户在网上这样发表自己的"抢红包"感言："我从27日到28日共抢到了100多个红包，大都是从微信群里'抢'来的，抢到的最多的是200元，最少的是1分钱。我自己发出去的也有几十个红包。这种感觉太爽了！"

在不到两天的时间里，微信的"抢红包"就呈现出了惊人的扩散力。

微信红包功能如此受宠主要有以下原因：

● 春节期间，用户对"红包"有比较大的心理需求；

● 微信更强调社交属性和人际关系；

● "抢红包"的过程设计提高了用户参与度，增加了娱乐性。

微信红包的典型应用场景	
步骤	描述
第一步	用户选择红包个数及发放总金额。
第二步	通过微信支付发放到微信群中。
第三步	群成员点击红包。
第四步	随机获得系统分配的金额。

与"一对一"派红包的方式相比,这一方式让用户的参与感更强。例如,有些用户抢到了红包,但并不懂如何入账。随着抢到的红包数越来越多,用户在朋友的指导下关联了银行卡最终实现入账。无形中培养了用户的习惯,甚至用户还会反过来向好友"派红包"。

微信"红包"功能更好地融合了社交和支付元素,能帮助微信支付增加大量用户。但由于微信支付起步较晚,其支付功能最终能否赶超支付宝仍需观察。

支付宝社交属性偏弱

微信红包之所以令支付宝"颤抖",是因为支付宝本身的社交属性偏弱。

在微信红包功能上线的前一天,支付宝钱包就正式上线,并开启了发红包的功能。支付宝官方称上线第一天,支付宝用户讨红包的数量就达到7.9万,共发出22万个红包。但由于其社交属性偏弱,导致被后上线的微信红包抢了风头。

其实,支付宝很早就启动了移动支付战略,包括淘宝和天猫的移动端、余额宝、信用卡还款、公用事业缴费、打车等等,并推出了扫码支付、声波支付等新技术。即便如此，支付宝在增加用户黏度方面，在短期内恐怕难以有所突破。

微信支付是社交软件下的一项快捷支付功能，而支付宝钱包由于设置了资金账户，大多数用户使用支付宝钱包纯粹是为了支付，其金融属性更强，所以在安全性方面会考虑更多，操作更为复杂。

微信始终定位于生活平台，所以引入了航旅、银行、酒店等公众账号，再加入支付功能，未来将打造一个商家和用户互动的新商业生态圈。

我们有理由相信，微信，不仅仅是支付！

马云：我要为微信竖大拇指

2015年2月10日，我国证监会邀请阿里巴巴集团创始人马云讲解互联网金融。

有人问马云有关支付宝钱包和微信支付"掐架"的问题，马云对微信表示肯定，并称要为微信竖大拇指。马云说："每家公司都有自己的战略，自己的实力，自己的风格，自己的文化特色，阿里这几年慢慢地心平静下来，看到人家微信做得好，现在觉得挺好，应该给人家鼓掌，以前我觉得这不错，我们也该干一干，这个都正常。"

微信之所以如此受欢迎，是因为它作为一个超级应用平台，除了上一节提到的战略布局是目前较为明确的，微信团队还会继续根据用户的需求情况不断赋予微信更多的功能。当它有一天强大到可以取代其他媒体平台，让企业更好地做推广，那么以微信平台为基础的彪悍营销也就无需再多解释！

目前来看，微信值得关注的几大功能如下。

通信

我们可以通过微信，在手机上发送文字、图片，也可以进行语音、视频聊天、群聊。最便捷的功能是微信还支持语音对讲（实现了对讲机的功能）——这是微信的基本功能，也是人们对微信功能的最大需求。由于微信只要有网络就能实现免费通信，这一功能逐渐颠覆了运营商的收费短信、彩信等业务，大大降低了用户的通信成本。

有免费的软件可以通话，若无急事，谁还花钱打电话——这也是微信爆红的主要原因之一。

社交

"朋友圈"是微信专为熟人之间设计的功能，这也体现了微信的社交属性。在"朋友圈"里，好友之间可以分享各种文字、图片、视频、链接等等。

而"漂流瓶"、"附近的人"、"摇一摇"等功能则帮助陌生人之间建立起"朋友圈"。

例如，我们可以利用"附近的人"功能，根据自己所在的地理位置，查找正在你附近使用微信的人。所谓"附近的人"，其实是微信利用了"LBS"（Location Based Service，基于位置的服务）技术实现的全新功能。

另外，微信的"扫一扫"功能，也让人与物、人与人之间更便捷地进行信息交换。这项功能则是根据"二维码"技术，通过扫描对方微信号的"二维码"名片，快速加对方为好友，也可以扫描识别物品的"二维码"，读取物品的相关信息——这体现了微信正在为进入"物联网"、"电子商务"等平台埋下伏笔。

手机支付

手机支付无疑体现了微信在"微金融"、"电子商务"、"微生活"等层面的战略布局。点开微信"我的银行卡"界面，我们就可以通过绑定自己的银行卡，轻松实现微信支付功能。打通手机支付这一功能，为微信进入移动互联网等蓝海市场打下基础。

游戏

微信平台的游戏包括腾讯公司自己研发和第三方公司开发的产品。

其实,游戏一向是腾讯公司收入的主要业务来源,微信游戏的商业化进程虽然并不快速,但微信手机游戏有望复制电脑端的模式,并逐渐实现商业化。

微信公众号

微信公众号体现的是管理和服务功能。公众号的推出为企业和个人打造了一个"一对多"的互动平台。对企业而言,这是一个良性的"CRM"(Customer Relationship Management,客户关系管理)工具,企业可以精准管理自己的用户群。而个人同样可以在微信平台申请开通微信公众号,在这个自媒体时代,微信给了更多人机会和广阔的发展空间。据微信官方披露,微信公众号用户数已达数百万个。每天的新增用户数就近万个。

微信公众号是一项充满了无限想象力的产品功能。这一属性超出了通信、社交平台本身,对个人用户而言,公众号帮助我们开辟了一个全新的创业空间;对企业用户而言,公众号营销相当于线上的企业门户网站。企业要树立品牌形象,吸引粉丝关注,公众号无疑是"金字招牌"。

 ## 三大品牌领衔开启营销新时代

来自微信官方的数据显示，微信朋友圈首批广告上线后就引起了轰动，如表所示。

品牌	数据截止时间	总曝光量	点赞/评论次数	官方微信新增粉丝数
宝马	2015年1月26日中午12点	4600万	700万次	20万
VIVO	2015年1月27日上午9点	1.55亿	720万次	22万
可口可乐	中国区公共事务与传讯副总裁赵彦红称："市场部门希望对广告的长期效果做出评估，暂时不会公布数据。"			

微信朋友圈首批广告上线后相关数据

2015年1月25日20:45左右，微信朋友圈首批广告正式上线——宝马中国、vivo智能手机、可口可乐三大品牌的广告分别出现在了不同用户的朋友圈中。

就在这些广告上线还不到半小时，朋友圈就已经被各种吐槽之声刷屏。有人刷到了宝马广告，却只能无奈地说"我买不起"；有的人刷到了ViVo智能手机广告，却感叹自己太"屌丝"；就连一个ID为"Pony马化腾"的用户也在广告下面评论："我也只看到vivo"；至于可口可乐，好多人都

在问可口可乐的广告是什么样子，以示众人"我不是屌丝"；更有"高富帅"者，默默晒出了三个广告的截屏；当然，哪个广告都没刷到的也不占少数。

还有网友称朋友圈的广告推送是基于大数据分析的：消费能力强，年收入100万元以上的用户刷到的是宝马广告；买不起iPhone 6只能用得起小米的用户刷到的是vivo广告；连小米都用不起的用户刷到的是可口可乐的广告。而那些喜欢天天发朋友圈，却没有刷到任何广告的，微信是在提醒你，别刷朋友圈了，赶紧好好干活！

尽管上述吐槽有些调侃的意味，但可以肯定的是，不管你愿不愿意，朋友圈广告都已出现在我们的视野里。

2015年3月14日，英菲尼迪广告出现在朋友圈。

2015年3月20日，海飞丝广告出现在朋友圈。

微信朋友圈宝马中国的广告

微信朋友圈vivo智能手机的广告

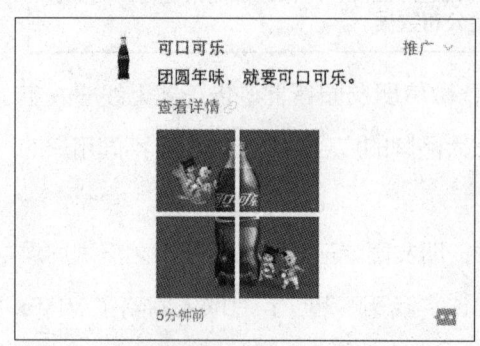

微信朋友圈可口可乐的广告

微信的商业化布局

有人说，腾讯在巨大的商业利益面前，还是屈服了。无论如何，微信的商业化布局正按部就班地展开。

其实，早在 2014 年 7 月，微信朋友圈就曾开放阅读数，并在 12 月底，向商户开放微信现金红包申请、允许公众号在图文消息底部添加广告自我营销。而这些试探都出现在朋友圈推送广告前。此前种种活动的用意可见一斑。

相信在短时间内，不管用户的接受程度如何，只要广告还没有频繁到刷

微信朋友圈英菲尼迪的广告

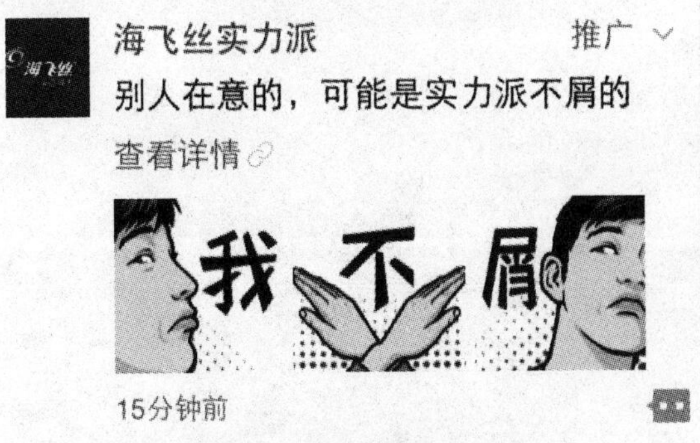

微信朋友圈海飞丝的广告

屏的程度（事实上微信不会允许情此景出现），加之推广初期，很多人对大牌广告的好奇心更胜过抵触心理，因此，微信高调在朋友圈推送广告的商业化之路还会继续。

客观来讲，朋友圈推送大牌广告的战略得以实现取决于：

1. 引人注目的大牌创意广告

要想吸引朋友圈的关注，普通的广告肯定难以做到。纵观微信接连几番推送的广告，微信选择的合作对象都是大牌企业。从宝马、可口可乐到海飞丝，哪个你没听过？

用户不见得喜欢看广告，但至少优秀的、有创意的广告不会遭排斥。

2. 用户的新鲜感、参与感

这毕竟是微信刚开始尝试性地在朋友圈推送广告。对用户而言，不用自己动手订阅公众账号，就能在自己的朋友圈看到大牌企业发布的动态，如同路上偶遇"明星"一样，用户自然愿意与这些大牌互动。另外，由于微信是通过大数据对用户进行分析，再将不同的广告推送给不同的用户群体，这种"随机"的方式让用户更有新鲜感和参与感。

不难预见，接下来还会有更多的大牌广告出现在我们的朋友圈。这也是微信商业化的战略布局之一。对此，很多门户网站展开了关于"接收朋友圈广告"的调查，大部分用户表示不愿意让"陌生人"突然就闯入自己的朋友圈，即便广告再大牌。但不管怎样，不可否认的是，由三大品牌领衔的营销新时代已经到来！

第二章

圣战之下你的企业能驾驭微信营销吗?

数据平台：你的企业能驾驭"大数据"吗？

工欲善其事，必先利其器。

没有"两把刷子"，就算你开通了公众号、加入了微信电商大军、接入了微信支付，也只是空有其表，徒有其名。

数据开放平台，是指微信将把数据、数据关系和数据运算等，在确保安全、稳定、快速的前提下开放给创业者。

企业在接入数据开放平台后，可以更好地为用户提供产品、内容或服务，不必担心用户是否能收到、如何管理等问题。说白了，大数据就是一把打破信息不对称的板斧。大数据中的"数据"不是你理解的"阿拉伯数字"，而是信息的数据化，例如微信用户的观点、天猫旗舰店上的五颜六色的衣服、团购网站的各种打折信息都可以数据化。

通过大数据对用户进行分析

现在是大数据时代，可以根据顾客购买产品的情况判断顾客的购买能力。例如，你是做国际旅游业务的，你卖的旅游产品单价都在10万元以上。首先，你要找到这

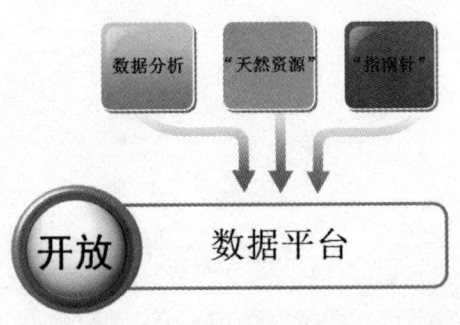

类客户：他们曾经花过 10 万出国旅游；他们有钱。如果一个人在旅游上的投资不足 10 万，那么他肯花 10 万元购买产品的概率并不大。有人说最好的顾客就是你竞争对手的顾客，因为竞争对手已经帮你做了筛选优质顾客的工作。通常客户第一次花一大笔钱的决策过程是很慢的，但是一旦他决定了，后面的再次决定就会比较容易。另外，人们的价值判断是相对的。某个东西的价值大小，要看它跟什么东西作比较。人们常说"这东西太贵了"，关键是它跟什么比显得贵。用户消费过第一笔 10 万元后，消费第二笔 10 万元就会变得容易。所以，弄清楚客户的购买历史很重要——大数据分析可以帮你分析顾客的购买记录。

客户数据库就是"天然资源"

通过大数据分析，企业可以研发更多满足用户需求的产品。不要简单地把客户数据库当作是自己开拓出来的顾客，它还是企业最重要的资源及财富，可以拿出自己拥有的客户资源与别人进行交换，通过这种交换企业可以整合更多的资源，同时对大数据应用也很有价值。

大数据是品牌的"指南针"

企业通过对大数据的分析，就能预见未来一段时间里，什么产品可能会畅销，或者用户将来会对哪些产品感兴趣。有了这些数据信息，你就可以提前布局。前提是大数据要"足够大"，信息要"足够多"，才能无限地逼近真实世界的情况，这样才能让数据精确地建立起"数据模型"，大数据才有意义。在未来 3~5 年内，随着移动互联网的发展，大数据挖掘将成为下一个与互联网比肩的领域。

移动平台：你的企业能与电商接轨吗？

在移动互联网时代，企业不仅要开放数据平台，还要尝试与电商接轨。

2012年11月底，微信平台就迎来了第一家与其合作的垂直电商网站——美肤汇，但它没有在线支付，而是统一采取货到付款的土办法。

现在的实体店随着租金及各项成本的不断上升，加之受到电商的冲击，开始重新谋求出路。不过，阿里门槛已很高了，现在进去已很难找到新的出路，或者说成功概率不大。而微信公众平台的出现，无疑让实体商家看到了希望，因为微信才是O2O真正的菜。确实，"移动电商"已经被企业喊了好多年，直到2014年下半年才算真正到来，因为有了微信支付后才是严格意义上的电子商务。

有了微信支付，移动电商真正实现了电子化，将来人们到街上买东西时可以什么都不用带，只要带一部手机，扫扫二维码，就回家等着送货上门了。在外买完东西，可能你还在商场里闲逛，送货员就已经把你买的产品送到你家楼下了——这就是移动电商，在2015年，这已经"不只是说说而已"了。

移动电商有很多种，比较常见的是品牌电商和垂直电商。

品牌电商

对大多数做微信电商的人来说，品牌电商应该是主流，即在微信电商平台上，出售自家品牌的商品，就像天猫商城一样。但是，这只是针对企业把电商的战场搬到微信公众号上而言的。对大多数正寻求移动电商创业的草根们来说，更可行的途径是注册一家公司，在微信公众号上搞个认证，争取一个在微信上卖东西的资格，然后代理产品来卖。

还有一种电商，那就是卖东西——卖的东西不一定是品牌商品，这在微信电商的前期也不是不可以，不过没有品牌或商标的商品，势必难以维持下去。当然，在渠道为王的当下，不怕没有产品，也不怕没有品牌产品，就怕卖不出去产品。只要你有强大的微信销售平台，你想卖什么产品，需要什么品牌的产品，几乎都是可以实现的。

从这个角度而言，我们只要把自己的微信购物平台做大做强，尽管起初你可能只有一个人，或者只有一家注册来专为拥有微信电商平台的空壳公司，但你的微信移动电商创业的钱途照样是一片艳阳天。

垂直电商

什么叫垂直电商？举个简单的例子，如化妆品电商、茶叶电商，总之是一个品类的电商。

在微信上做这类电商的人不外乎以下几种：

- 自有某品类品牌的个人或机构；
- 朋友或熟人那里有货源的人；
- 看好这类电商，去代理或贴牌一些品牌的创业者。

虽然微信电商是个轻电商，但要运营一个垂直电商不能只有一两种品牌商品在上面销售，否则就不是严格意义上的垂直电商。当然，某些品类中品牌已被弱化了的除外。从这个角度来看，商品越简单越好。

垂直电商最适合微信电商，因为微信垂直电商能有效地对市场作出迅速反应，电商可以通过微信公众平台准确掌握买家的喜好，然后制定更精确的商业决策，提高收益，从而降低风险。如能适时地调换商品，便能在更快地占领市场的同时，实现更高的利润。另外，垂直电商利用微信可以在原有品牌的基础上，加入多品牌运营，既可以提高自有品牌的销量，也可以拉动与他人品牌的联动效应，在品牌高低搭配的情况下，能快速占领某一品类的市场，打造出自身的品牌。

个性产品：你的企业能掌握研发技术吗？

会玩文字的人、读媒体专业的人、熟悉媒体运作规律的人都有适合自己的创业项目，那么，只会编写代码的"IT男"呢？

微信团队总裁张小龙承诺，微信是一个开放的平台，在上面每个人都有机会做事，尤其是IT人士，只要你能研发出有受众群的个性产品即可。

你的企业能掌握研发技术吗？如何才能在微信平台提供个性产品呢？

目前，微信公众号少说也有几百万个。这其中不乏有个性张扬的各种公众号平台，正所谓百花齐放，争奇斗艳。有了这些斗艳的个性化平台，也就为一些基础工具类服务创造了创业机会。

未来产品的机会主要来自以下几个方面：

● 表情；

● 皮肤；

● 变声；

● 动态头像；

● 模板；

● 视频编辑；

● 地理位置伪装；

● 数据分析。

随着4G的普及，视频通话将成为新的潮流，但很多人不希望自己所处的背景环境被公开，按照这个思路，如果此时出一款视频背景插件之类的应用，应该会火。

用户的个性化需求肯定还有很多，而微信官方势必会因无法满足各种个性化需求而与第三方企业合作，所以机会还有很多。关键是，这类增值服务要收费是很方便的。当然这取决于微信团队决策层对外开放的态度、程度。换言之，这样的机会主动权不在创业者手中，在微信团队。

所以，只要先研发出个性化的产品，有一天微信团队决策层决定对外开放了，那你就抢占了先机。

 ## 提供方案：你的企业能策划更多活动吗？

2014年，各个城市微信营销的培训一场接一场，价格都不低，一场微信营销培训下来，动辄就是上万元。

为什么培训在我们国内这么火？

虽然培训师的水平未必是世界一流的，但我们从中不难看出，微信营销的市场有多大！

只要你在微信营销上有真材实料，那么，耐心在这个方向寻找机遇，不要担心，市场总会有的。

如今的微信市场接近成熟，微信营销已进入"深水区"，后来者只有潜入更深的领域，才有可能捞到大鱼。

如今的整个微信营销已提升至"账号定位，内容为王，方案制胜"的新阶段。而此时，在提供行业解决方案、策划微信营销活动等方面，已不是凭借三寸不烂之舌就能炼得真金了。现在为微信账号做市场营销，要的是一个高水平的营销团队。在这个团队里要有专业的编辑人员、策划人员、美工师、网络工程师等等。因为现在大型企业的公众号，大多是要做整体的账号运维、账号开发、账号营销等，所以这类企业最需要整体的解决方案。

当然，各个专业领域的微信营销机会还是有的，微信的运营是一项很专业的工作。许多大型企业都设立有独立的部门进行管理和运营。在微信营销方面创业，可以帮企业做宣传、搞活动，还可以直接对接企业内部平台相关接口,为客户提供个性化的增值服务,提高客户满意度,开拓新的市场。

因此,如果你有策划、市场营销等相关能力,往微信代运营方面发展,为公众号的市场营销活动作策划、为客户的公众号做二次开发、为客服托管公众号、提供整体解决方案不失为转型或创业的新方向。

# 账号代管：你的企业能做好运营工作吗？

在自媒体时代到来以前，企业凭一己之力瞬间召唤几十万人的现象是无法想象的。而在今天，这早已不是什么新鲜事。

只要企业你有这个想法，参透其中的商业价值，并懂得如何去运营自己的账号，做到并非难事。现今的企业懂得运营自媒体——尤其是微信公众号很重要。

微信公众号与微博不一样，微博的运营门槛相对低，通常不需要专门的人运作，人们花在运营上的时间也比微信少了许多，专业度要求也相对要少了很多。而微信就不一样了，原因如表所示。

微博与微信的运营要求对比	
微博	微信
不要求原创，转发也可以	公众号需要有精彩的内容（最好原创）
以突发事件等热点事件吸引用户注意	用经典内容赢得受众
不强求专业性	从定位到内容编选都需要专业度
靠博主名气拉拢粉丝	靠内容品质聚集粉丝

正是因为微信公众号有上述特点，所以要做好一个微信公众号必须要有专业的人负责运营。一些小企业，一是不可能为一个账号去设立一个"微信营销部门"，二是这样会增加成本。这就给代管微信公众号的公司提供了巨大的生存空间。有些大企业甚至把自己的"微信矩阵"的内容等交给专业的微信运营公司去维护与运营。而小企业可以将一个账号交给一家专业的公司去管理。

管什么？

维护与运营。

现在已有一些微信营销机构从微信代运营上掘到了第一桶金，如某营销机构为某国际汽车品牌做微信运营，一个公司的年费用就达到了上百万。

目前，国内很多微信营销机构在金融、快消、IT 数码、汽车、化妆品等领域都找到了相应的微信账号在运营，也做出了属于自己的成绩。随着微信用户新增人数走向相对饱和，微信营销走向深入，在竞争相对以前更激烈的背景下，账号代管的机会只会更多。所以，如果你的企业能练就这项本事，至少在相当长的一段时期内不会没饭吃。

 **便民服务：你的企业能提供增值服务吗？**

便民搜索服务也是微信圈未来可预见的商机之一，企业若能提供更多增值服务，"钱途"势必不可限量。

搜索房源

与城市猎头相同，房源的查询也需要有专业的数据资源。因此，房源查询对转型企业而言十分适合，因为需求精准。如果你是一个有全国房源的实体服务机构，你就足以按不同的城市去运营多家微信公众号，供用户进行城市房源查询。这样做主要是考虑到在移动端，人们更喜欢找当地的或区域的微信账号来满足服务，而不是选择那些远在天边的服务号。

搜索人才

现在的招聘市场，和前几年相比发生了翻天覆地的变化，尤其是高端人才招聘，最早高端人才招聘是在都市报的企业招聘专版，后来是高端酒店。一个企业一间房地去面试招人才。

原因很简单，高端人才招聘和应届毕业生招聘不同，他们需要更多的私密性，招聘也需要在相对安静的环境下进行，这也更利于高端人才与招聘方有决策权的人进行直接沟通，而不是与招聘企业中低层人事专员作无效的沟通。这种商机更适合此前已有客户沉淀的传统招聘网站，或拥有招聘企业客户资料的业内从业人员。有了这些资源，你就可以几乎零成本地运营一个"一城一地"的城市猎头公众号。目前在公众号上还不适合做普通的人才招聘，因为无论是定位还是商业模式都还不十分清晰。

搜索路况

截至 2014 年 11 月 27 日，我国公安部发布了一项权威统计："我国机动车驾驶人数量突破 3 亿大关，其中汽车驾驶人 2.44 亿人；全国民用机动车并有量达 2.64 亿辆，其中汽车 1.54 亿辆；驾驶人数量位居世界第一，汽车数量仅次于美国，居第二位。"这标志着我国道路交通发展达到新节点，更是推动交管工作再上台阶的新起点。

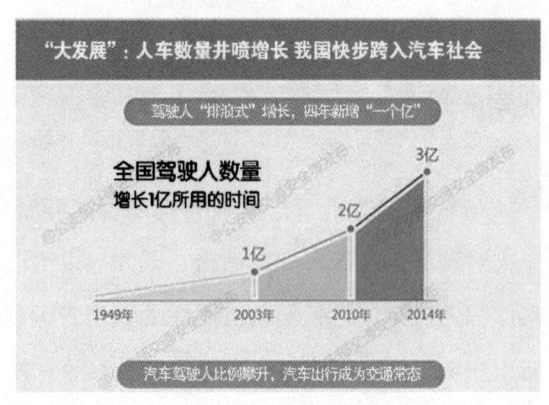

公安部发布的调查数据

对大多数人来说，开车倒不是问题，在一个城市内不成为路盲才是问题，尤其是对 80% 的女性司机来说，更是如此。此时，企业如果能看准汽车驾驶者这个群体，设计一款相关的微信产品，例如一款城市的微信路况公众号，你的粉丝总不至于少得可怜，因为至少有 3 亿车民等着用。一旦司机迷路，直接输入某条将要前往的街道的名称，用户就能清楚地得到那条街道周围的路况，或不知道如何走时，向所在城市"微信路况"发送自己当前的地理位置，你就能向用户提供周围的路况信息。那你在当地的微信路况市场上，还怕无人关注？

搜索伴侣

无论当今现状是女多男少还是女少男多，社会越发展，男女之间的交往似乎越不顺畅，以致现在单身男女满街都是。随着剩男剩女的不断增多，微信便成了他们相亲的重要工具。

的确，在相亲会上，由于扫一扫二维码就可以关注相亲对象，这样任何一位中意的相亲会员都能通过微信进行沟通，就扩大了社交面，甚至可以让相亲者有机会认识现场所有的人，打破以往向红娘索要手机号码的不便。而利用微信的"摇一摇"、"扫一扫"等功能，就打破了以往相亲会上看相亲会员资料的枯燥方式，从而提高了相亲的趣味性。

如果你能运营一款"××红娘"的微信公众号，你就可能从万千交友人士手中赚到"媒婆费"。当然，这里所说的"媒婆费"，更多的是通过组织线下的活动，如单身男女排队等，向参与者收取相应的服务费，而不是给一个客户提供资料就要收费。

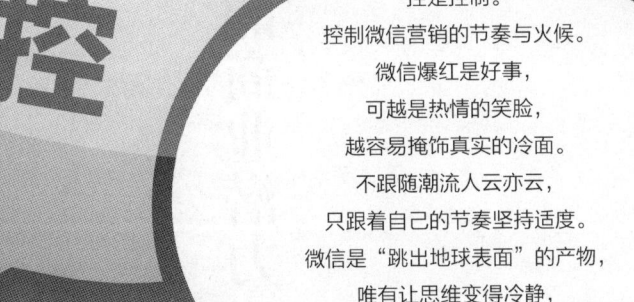

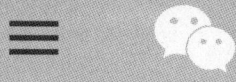

第三章

价值分析
6亿用户背后的商业潜力

隐藏在微信中的机遇与红利

你一定见过这样的场景：我们在朋友圈里看到好友分享着吃喝玩乐、旅游、酒店的优惠信息，很容易因此激起消费的欲望，实现即时消费。

对于个人来说，微信一对多的主动营销，可以免费轻松地将行业资汛、个人观点等内容链接推送给无数用户。每天推送一次，内容更新及时、更简便容易，可实现个人门户网站不能实现的功能，只用手机轻松转发到朋友圈即可。更重要的是，可以提升个人品牌，让更多的用户关注你并成为你的资源。

其实这一切可以归纳成：这只是微信电商刚刚拉开的一个小序幕而已。还有更多未被发掘的机遇和红利隐藏在微信中。

如果你只是兼职当作兴趣来做，或者是在做一个小富即安的生意，那你完全可以选择只在自己的优质圈子里营销，不需要注册淘宝店。在支付方面，除财付通和银行卡，还可以和朋友面对面交易。

总之，除了上述林林总总，随着移动互联网时代的到来，微信已经悄悄吸引大量商家加入。基于地理位置以及好友相互之间的推送，微信公众账号相比 B2C 网站以及应用更具吸引力。不知从什么时候开始，我们的朋友圈布满了特色小吃店、特色酒店等等。

说到这儿，很多人开始无限畅想，在微信的平台上会不会满眼尽是淘宝店？

也许，突然有一天，一位微信好友发来信息："亲，韩版春季新款连衣裙刚刚上架，如喜欢给你打八折哦，如将此消息转发到朋友圈可返利3块！"

的确，微信自诞生以来，一路打造个人通信工具、移动社交平台、微信开放平台 App、微信公众平台等力推 O2O 商业模式的举动可以印证：微信平台未来的发展趋势和微信的商业价值值得每个电商关注。也许在不远的将来，你的手机会成为一个色彩缤纷的购物世界。

2014年5月，腾讯对组织架构进行调整，成立了微信事业群，负责微信基础平台、微信开放平台、微信支付平台及O2O等微信延伸业务的发展，由张小龙担任微信事业群总裁。此外，腾讯还撤销了腾讯电商控股公司，其中实物电商业务并入京东，O2O业务并入微信事业群。值得一提的是，以用户数已超过6亿的微信客户端为基础，腾讯已将旗下电商、游戏以及O2O生活服务等板块接入进来。例如，微信用户关注腾讯微购物进入页面后，就可以选购平台上的66个品牌的商品。在未来，微信试水电商平台的步伐还将提速。

举个简单的例子，你可以在微信上开店，你可以在朋友圈招代理商、经销商，你可以通过微信预订酒店、预订机票、叫外卖……这些都已经实现。你还可以用嘀嘀打车组织线下活动，用AA付款……所有关于你生活的消费几乎都可以通过微信完成。未来的生活会更加便利、惬意。其实，这就是微信电商带给我们的红利。

当然，微信电商的商业价值和红利远不止这些。

微信电商的商业价值和红利	
重点	描述
信息推送精准	企业微信公众平台推送给用户信息的到达率是百分之百。而微信公众平台上的粉丝质量要远远优于微博等其他媒体平台上的粉丝。微信平台能更好地把握对用户的人性关怀，只要控制好发送频次与发送的内容质量，一般来说用户不会反感。可能还会大大提高客户的忠诚度，使其成为商家的忠实粉丝。
操作便捷	商家只要将其公众平台的二维码发布出来，用户扫一扫就可以成功关注，并获取相关信息。另外，商家只要将自己的LOGO设置到头像上.就可以实现商标的传播，也可以将自己品牌的简介加入到备注栏进行宣传。
用户主动参与	没有关注就没有营销，微信平台的每条信息都是一对一发送的。这比大众媒体的心理感知要好。以一对一的形式将信息发送给用户，使用户在心理上感受到自己的被关注度提升，这种关注往往会被理解成一种"诱饵"，使微信用户主动成为该品牌的忠实用户。因此，微信电商平台可以通过这一方式加强用户和商家之间的黏性。

潜力1：Soft Advertising

广告的方式有很多种，主要有硬性广告和软性广告。其中，软性广告便是 Soft Advertising。

顾名思义，硬性广告即强制他人必须观看（接受）的广告；软性广告，通俗地讲就是温柔地让用户主动接受你的广告。毕竟无价值的内容、纯粹的广告推送往往引起用户的普遍反感。软性广告的表现形式有很多，如视频、电子书、软文植入等等。

软文推广实为"软性广告"的一种，目的都是为了帮助企业进行营销推广。

如今，帮助企业做软性广告的公众号也不少，关键是在未来，软性广告应该怎么做才更有钱途？

问题专家

做广告的目的是为了了解用户需求，解决用户问题。重点是先去关注你的用户，通过微信搜索你的产品、企业，甚至是竞争对手的产品，看看用户都在关注什么，有什么需求和疑问，通过一段时间的总结，再把这些问题分门别类。最后针对这些问题设计软性广告。

另外要把企业客服部门遇到的问题都收集起来分析，把用户问得最多的问题一条条解决掉，这些解决方案就是用户无法抗拒的"软性广告"。

用户喜欢可以解决问题的内容，不喜欢在问题发生之前看你的广告。如果你做的软性广告不是针对你的产品和服务的，即使做得再好也无人问津。

价值传播

用户的猎奇心理促使他们在阅读时会选择那些使人心情愉悦的内容。

没有人喜欢看干巴巴的产品说明书，例如，你想做一个关于茶叶的软文，就不能只介绍茶的好处。而应该适当地增加对茶叶产地风土人情等方面的介绍。若想更丰富些，可以加入一些采茶妹的生活趣事。只要你去挖掘，一定能发现你的产品除了"基本说明"，还有很多没有被注意到的内容。就像杜蕾斯的广告从来不只是简单介绍安全套，它还担负起了普及两性知识的使命，而星巴克也担负着普及咖啡文化的使命。

晒单体验

晒单也是做软性广告的路径之一。很多用户通过微信抱怨你的产品，也有很多用户通过微信赞美产品。与其自己卖力吆喝，不如晒单——用事实说话。一来充实了内容，二来让参与晒单的用户"受宠若惊"。如能再送上一点小礼物，用户一定会为你创造更多价值。

潜力 2：VIP

这里的 VIP，简单来说就是针对微信平台的普通用户提供更多的增值服务。和腾讯的 QQ 会员是一个道理，QQ 会员通过每月收取固定的使用费，用户就会接收更多的服务，或者有更多使用 QQ 相关功能的权限。

同理，微信手机用户也可以有 VIP 特权，比如 QQ 惯用的各类特色显示或其他应用场景，比如推送信息不受限制：目前大部分的微信公众号每天只能发送一条消息，有了增值服务后，每天可以发送的消息数增加到 5 条。根据这个思路，企业公众号也可以向粉丝提供更多的特权会员服务，如右图所示。

微信会员卡

- 微信扫一扫，领取商家会员卡；
- 电子会员卡，节约制卡成本，会员自己用微信账号领取，无需第三方人员介入；
- 增加用户体验，刷手机支付更时尚，易于形成口碑传播；
- 一卡多用：储值、折扣、会员等级、积分制、微商城等等。

微信会员卡

微商城：移动支付+预定

- 预定功能：提高企业业务处理效率，如：提前订餐，预约服务和房间，实现"随时随地，想购就购"；
- 展示功能：第一时间将最新的产品和服务展示给目标用户，让用户随时随地了解产品和服务动态，从而引导消费，甚至让用户成为"口碑传播者"。

微商城

VIP电子优惠券系统

- 用个性化的优惠方案吸引VIP用户关注、购买；
- 给予VIP用户更多（无上限）的优惠；
- 通过统计分析，让每位VIP用户找到更适合自己的优惠活动，留住对方的心；
- 发现沉默的VIP用户，激活顾客购买欲望。

VIP 电子优惠券系统

潜力 3：App

利用微信的 App 平台，是如今最流行的营销（创业）方式，这个机会来自以公众账号为通行证的应用开放平台。

推广公众号还有一个很好的渠道，即第三方的微信账号推广平台。这些平台通常都是免费的，但是，你要让平台方主动地将你推荐给平台上的受众，那就得另当别论。也就是说这样要收点费，但不高，因为大多数平台自己也在推广期，平台也需要拉用户。

以"爱微帮"为例，"爱微帮"是一个微信公众号聚合平台，有 PC 端的，也有手机端的，大部分用户习惯使用手机端的。在"爱微帮" App 里，可以快速找到有价值的订阅号，以及其当日推送的所有内容。如果你认为自己的公众号做得比较成功，也可以提交自己微信账号的资料给平台，要求其收录。而一旦"爱微帮"收录了你的带有二维码的账号，你的公众号就会被更多用户关注。

当然，这种关注的用户更多的是公众号小编，他们为了方便自己找资料而关注。但关注的小编多了就成了粉丝群。作为品牌，你无需管粉丝是谁，是做什么的，只要把自己的信息传达给用户，这本身就是一种有价值的营销。

潜力 4：LBS

LBS，通过获取用户位置提供增值服务。基于用户的地理位置，我们可以帮助用户查找附近的商家（酒店、餐饮等），或者通过推送与用户相关的本地生活服务信息来赚取服务费。

关键是，你推荐的内容要个性化，才会吸引用户关注。

个性化推荐的 1H5W	
How（怎样）	怎样让用户获得需要的信息
	怎样让用户简单快捷完成信息共享
	怎样让用户找到志同道合的好友
	怎样让用户找到自己的兴趣点
	怎样让用户简单快捷完成交易
	怎样让用户在闲逛时获得更多惊喜
When（何时）	过一会儿
	当下
	即将
Where（何地）	在什么地点
	在什么地点附近

续表

个性化推荐的 1H5W	
Who（何人）	用户
	用户的朋友
	和用户素昧平生但志同道合的人
What（何事）	用户已做什么 / 正在做什么 / 想做什么
	用户的朋友已做什么 / 正在做什么 / 想做什么
	和用户素昧平生兴趣相投的人已做什么 / 正在做什么 / 想做什么
	已经发生什么事情 / 正在发生什么事情 / 即将发生什么事情
	什么热点
Why（为何）	获取信息 / 传播信息
	交朋友
	找乐子
	做交易
	无聊闲逛

个性化推荐的信息源	
周边的营销信息	抽奖
	广告
	秒杀
	促销
	互动游戏
周边的活动	聚会
	会议
	演唱会
	观影会
	集采
	团购

续表

个性化推荐的信息源	
SNS 信息	附近的好友
	附近兴趣爱好相投的人
	附近的圈子
社会化媒体信息	微博
	广场
	纸条
交易信息	团购
	采集
	购买
	交换
个人信息	活动轨迹
	状态
	微博
	收藏
	好友
	关注的人/商家/活动/事件
	参与的活动
	参与的交易
	参加的圈子
排行榜	热点事件排行榜
	商家活动排行榜
	微博排行榜
	潮人排行榜
	社区排行榜
	趣事排行榜

潜力 5：CRM

Gartner·Group 提出了 CRM(Customer Relationship Management)，即客户关系管理。近两年，这一概念开始在企业电子商务领域流行。CRM 主要是指"通过对客户详细资料的深入分析，来提高客户满意程度，从而提高企业的竞争力的一种手段"。

微信是一个优秀的传播工具，传播快、简单。而"微信+CRM"就是一个先进的客户关系管理系统。这将成为企业新的营销利器，也由此衍生"微信 CRM"的新术语。

目前已经有几家企业（如平安车险、汉庭酒店）通过开放 CRM 的 API 接口，更好地与微信融合，获得了更高级的功能。例如"订酒店"这个公众帐号。用户只要把自己所在的地理位置（微信有直接发送地理位置的功能）发送给该账号，就会立刻收到回复，获取自己附近都有哪些酒店和餐饮娱乐项目。还有一个叫做"逛"的公众账号，用户只要向其发送"衣服"的检索信息，就会收到图文并茂的关于"衣服"的产品信息。

至于未来如何才能推进"微信 CRM"落地，以下几点不可忽视。

有完善的"数据库"

俗话说，巧妇难为无米之炊。要想让"微信 CRM"落地，首先要有一套成熟完善的数据基础，这样才能深入数据，挖掘更好的产品和服务。

有了数据库，如何应用也是门学问。企业可以根据自身产品或服务的定位，通过数据深入挖掘用户的"二次消费"行为，观察重复购买的老客户都有哪些重要需求。这样就可以将新客户、老客户以及经介绍而来的客户区分开来进行维护。

知己知彼、量体裁衣

如果说数据是企业上战场打仗的"枪"，那么知己知彼、量体裁衣的思维就是战术。企业必须对自身业务有一定的认知，知道自己能为用户提供什么样的产品或服务，再根据"微信CRM"数据系统筛选更优质的用户群，从而让后期的服务流程与"微信CRM"对接、匹配。

增加吸引力

增加"微信CRM"的吸引力，如本地生活类，酒店、饭店里的传单、宣传立牌；中小电商产品的包装袋、包装盒上都可打上微信账号或二维码。

当然，大多数用户不会随便关注一个企业，这就要看你对用户是否有"吸引力"。不妨增加一些优惠活动、粉丝特权等等。

配套服务要及时

制定好一系列的维护策略后，"微信CRM"配套的服务就要及时跟上用户的需求。微信口碑传播固然快速，一不小心却也有臭名昭著的危险。例如，当用户觉得自己被骚扰时取消关注，并怂恿身边的朋友取消关注，甚至不乏类似淘宝上的专业差评师来搞破坏。唯有为用户提供跟得上的客户关怀和服务，才能充分发挥"微信CRM"的优势，避免用户出现反感和逆反心理。

潜力 6：IoT

物联网，英文名称"Internet of things（简称 IoT）"。顾名思义，即物物相连的互联网。物联网有两层含义：

● 基础与核心仍然是互联网，而物联网则是在互联网基础上的扩展与延伸；

● 用户端的扩展、延伸到了任何两个物品之间，彼此进行信息交换和通信，即物物相连、物物相息。

物联网是信息化时代信息技术的重要组成部分，也是微时代的重要发展阶段。

而微信的天然优势就是能把人与人之间的关系扩展到人与物、物与物的联系，通过微信平台社交关系把全世界的事物连接到一起。

早在几年前，物联网的概念就被炒得火热。也许在时光隧道驶入的 2015 年，也许在未来，物联网有望通过微信而入局落地。微信拥有的关系链和入口也将加速物联网时代的进程。正如一位评论人形容的那样："最终，物联网会到来。微信不光连接人，还可以连接能上网的机器。每个机器都有个二维码作为设备 ID，在微信里可以通过和设备对话来控制设备。"

这也说明了在此之前，我们的确忽略掉了一个巨大的商业空间。

关于"物联网时代"的猜想

互联网把全球几十亿人连接起来，而物联网会把人和更大数量级的物体链接起来。不管是个人还是物体，都有一个二维码的 ID（身份认证）。人可以与物进行通信，并可以直接向物发出各式各样的指令。

换言之，有了这个二维码名片，微信就会成为我们操控世界的"遥控器"。

有一款硬件产品叫"印美图(WeLOMO)"——这也是第一家基于微信公众号的硬件创业公司。"微信印美图，分享美一天"是该产品的宗旨。

这个硬件是一个终端产品：一个半米的方形无线打印装置，其正面是一个 8.9 寸的屏幕。使用流程是：在终端机前，拿出智能手机扫描并关注其微信公众号，并将心仪的手机照片发送给公众号。然后在终端屏幕上输入微信验证码，终端机便能在半分钟内接收到图片，并形成一张 LOMO（宝丽来）风格的照片并从终端机的窗口滑落。

有了印美图，手机就变成一部拍立得。而这个无线终端产品就变成了一个"暗房"，帮你将"底片"瞬间冲洗成相片。

该团队最初是希望用户自主打印照片。硬件产品诞生后，用户还是得下载 App，并通过 App 上传图片与终端交互信息。让用户下载 App 来使用照片冲印服务的推广成本很高，作为一个初创团队是很难做到的。

但结合微信公众账号后，问题便迎刃而解。用户无需下载 App，关注微信公众号，接收一个微信验证码就可以了。并且微信还有查找"附近的人"功能，这能帮助用户顺利找到离自己最近的打印端口。

微信成了众多"精简版"的 App，许多从前看似难以实现的服务也在一点点变现。

不管"微信公众账号将来可以实现'自定义界面'"的传言是真是假，不妨大胆假设未来可能发生的情景：马路旁边有一家自助出租车汽车店，你打开微信扫描其二维码，关注公众号并输入要去的地点，通过微信支付付款，这辆出租车就自动解锁，安全地将你载向目的地。

总有一天，一部手机随身，有微信的平台，就可以链接全世界，操控全世界！

第四章

精准定位
让公众号占据用户心智中仅有的位置

定位：精准选择营销目标

微信公众平台的两种类型

微信公众平台目前分成订阅公众号和服务公众号两类。值得一提的是，在申请注册微信公众号时，一定要慎重选择是开通服务号还是订阅号，选择一经申请就不可更改。

1. 服务号

公众平台服务号，是公众平台的一种帐号类型，旨在为用户提供服务。

\	微信公众平台服务号
特点	每月可群发 4 条消息给用户，群发的消息仍显示在聊天列表里，下发消息即时通知给用户。
适用用户	主要给粉丝提供服务的用户。一般适合银行等企业用户。
功能	每个月可向用户发送 4 条群消息。
	发送给用户的消息，会显示在对方的聊天列表里。
	服务号会在订阅用户（粉丝）的通讯录中。
	服务号可申请自定义菜单。

54 | 掌控微力

招行信用卡服务号：
如果你是持卡人，可快捷查询信用卡账单、额度及积分，快速还款、申请账单分期；微信转接人工服务；信用卡消费，微信免费笔笔提醒。如果不是持卡人，可以微信办卡！

招商银行信用卡服务号

2. 订阅号

公众平台订阅号，是公众平台的一种账号类型，旨在为用户提供信息和资讯。

微信公众平台订阅号	
特点	每天可向用户发送 1 条消息，群发消息收藏到订阅号的文件夹但群发消息不会提示推送。
适用用户	主要给粉丝提供资讯、信息的用户。一般媒体用户比较适合（如央视新闻、骑行西藏）。
功能	每天可向用户发送 1 条群消息。
	发送给用户的消息，会显示在对方的"订阅号"文件夹中。
	在订阅用户的通讯录里，订阅号会被放入订阅号的文件夹里。
	订阅号认证后可申请自定义菜单（个人类型除外）。

精准定位：让公众号占据用户心智中仅有的位置 | 55

央视新闻订阅号：
中央电视台新闻中心官方公众帐号，负责央视新闻频道、综合频道、中文国际频道的资讯及新闻性栏目以及英语新闻频道、西班牙语、法语等频道的采制、编播。

央视新闻订阅号

定位：选择服务号还是订阅号？

服务号和订阅号没有绝对的谁好谁坏一说，也并非谁比谁更适合做营销。

很多人在申请微信公众账号时，不清楚应该选择服务号还是订阅号。首先，你需要对自己要宣传的产品、品牌有一个清晰的定位，你的账号是要以推送为主还是以服务为主？

通常情况下，企业最好有至少1个服务号和2个以上订阅号。让不同账号负责不同的功能，以吸引不同的用户群。企业可根据自身的人力、财力、用户特点来部署，普通企业最好先申请订阅号，结合微信第三方开发平台推送有价值的信息，在积累了一定数量的用户后，再申请服务号提供更多增值服务。

公众账号允许用户昵称重名，但不允许微信号重名。这相当于你的"Idea"很可能在很久以前就已经被他人想到了，并且已经被人抢先一步抢注。那你还有机会吗？

机会肯定是有的。

怎样才能从一堆重名的昵称里，让用户第一时间找到你，这个工作的本质是一次重新定位、SEO（优化）的过程。

而定位的目的则是让你的客户能够按照他的思维逻辑找到你。

如果你的定位不是十分清晰，不妨回到初始状态，问问自己这个问题：

——你要通过公众账号做什么？

客服、营销、自媒体，还是要提升产品销量？

如果你的目的是上述几项中的任何一个或几个，那你可能要失望了，因为你很难达到目的。公众号的本质是传播信息。如果你的公众号没有任何传播性或者传播力度太小，不管你想通过公众号获得什么结果，都很难达成。因此，公众账号的定位不能背离社会化营销的本质：传播！

不管是微博、微信，还是公众账号，包括我们用惯了的QQ、电子邮件，都属于沟通工具。通过这些平台，我们可以锁定用户，并进行服务、沟通。区别是移动互联网让我们逐渐摆脱了沉重的电脑，用手机就可以实现。

公众账号定位的黄金法则：互动

所有传播都是基于与用户的互动。在互动过程中我们可以为客户创造价值、诱发用户分享。同时，我们可以通过以下几点来分析营销的效果：

营销效果分析表	
分析	描述
粉丝数	与微博不同，微信公众账号的粉丝具有精准性，且每个粉丝都来之不易。因此粉丝数是第一指标，这决定了传播的最终效果。
传播率	从理论上来说，微信传播的到达率为100%，但是，要实现传播效果最大化，就要通过精准定位诱发传播，这一点极难实现；所以微信的传播率最大化并不容易。
流失率	公众账号不允许主动添加好友，但公众账号的好友却可以随时取消对你的关注。这就会导致"掉粉"的状况，我们称之为"流失率"。营销理论认为"吸引1个新客户的成本是留住1个老客户的15倍"，这样看来，流失1个用户都是极大的损失，所以流失率也是考评微信运营的重要指标。
好评率	好评率、反馈率、分享率等也可以作为参照的指标，针对公众账号实际营销的区别，选择适合的指标，可以有效地对营销行为作出评估。
转化率	从线下的关注到线上的消费，或从在线的关注到线下的消费，每一次从好友到客户的转化，都是考评营销效果的关键指标。

完成上述定位过程后，思考以下几个问题有助于做好公众账号的定位：

● 你想让公众账号帮你做什么？（营销目的是什么）

● 你的公众账号能为用户做什么？（能带来什么价值）

● 你的公众号有何独特之处？（有什么特色）

● 你的用户凭什么选择你？（卖点是什么）

● 你的用户偏好、关注点与你的公众号是否匹配？（是否能与用户需求对接）

● 你想提供怎样的便捷服务让用户依赖你？如何完善？（如何进行自我完善）

在任何情况下，你都要坚持通过对上述问题的分析得出的结论。因为你的营销一旦偏离了方向就会导致整个营销半途而废，当然，你可以在实际运营公众号的过程中及时作出调整。

定位之后需要做的事	
步骤	描述
第一步	取一个好听的、容易让人记住的名字，也叫微信昵称。确定后便无法更改。
第二步	取一个英文名或拼音，往后推广时还要向不懂英文的人刻意说明。不要为难用户。一旦确定就无法更改，若还没想好可以先不改名字，且不允许重名。
第三步	找专业人士设计 LOGO，并且确保在一厘米见方大小的时候也能清晰可见，并且醒目、易识别，不用追求完美，让人过目不忘才最重要。

炫目：让公众号更高大上

如今，微信用户数已超 6 亿，公众账号也数以万计，微信的价值和公众号的影响力可想而知。仔细观察不难发现，公众号的质量参差不齐。你的公众号是否有营销潜力？怎样让公众号看起来更"高大上"成了运营者最头疼的事。

运营目标：长一张"高富帅"的脸

在练就"高富帅"的脸庞之前，首先要思考自身实际情况，再对症下药制定营销策略。

据统计，微信用户主要集中在一线城市，22~30 岁的微信用户比例为 76.1%，25~30 岁的微信用户比例高达 50%。使用微信最多的用户是白领阶层，这部分群体乐于接受新事物、吸收新概念，其亲友的消费能力也很强，属于社会主流消费群体。

因此，"高大上"账号应以这一群体为目标用户，尽可能展示自己时尚年轻化的一面。如星巴克、杜蕾斯等公众账号都透露着时尚、创意、潮流、实用的特色。

运营标准：要有"高大上"的气质

气质不可速成，文化底蕴很重要。在这个张扬个性的年代，不怕你炫耀，就怕太平庸。

公众号不仅要看上去有一张"高富帅"的脸，内里也要"高大上"——以价值为导向，为用户提供实用的有价值的信息，而不是一味地从"宣传产品"考虑，否则就只是单纯地"耍帅"。

以下是供企业借鉴的"高大上"的气质养成术。

"高大上"的气质养成术	
方案	描述
符合品牌个性 突出整体风格	一个"高大上"的微信账号，必须要有自己的独特个性。首先要清楚自己的品牌是什么个性，要给用户留下什么印象。这与前期的定位并不冲突。清楚品牌的风格，才能更精准地做账号的"内里"，突出整体风格。
精选优质内容 吸引用户关注	一个"高大上"的微信账号，应该懂得制造话题，无论原创还是搬运材料，都应确保好玩、有趣、有价值、实用。要知道，再好吃的爆米花也无法让看烂片的观影人平复心情，就算免费送爆米花，用户也未必买账。
展开线上活动 增加用户黏度	公众号虽是B2C模式，但账号可以向用户发送语音问候、图文杂志、趣味游戏，增加互动，让用户分享。目前许多看似"讨巧"的集赞活动对品牌有一定影响力，但如果满大街都是"集赞"，你的品牌也就要淹没在人海了。
策划线下活动 增加用户体验	线下活动看似很"土"，但却很有效。就像卖场的试吃活动，可能消费者本身没有购买的欲望，但试吃后觉得还不错，于是就在服务员的引荐下买了试吃过的产品。纸上谈兵终觉浅，线下活动的目的是增加用户体验，激活购买欲。
提供暖心服务 让用户更忠诚	微信作为最新的技术，使企业能更好地对用户进行一对一定制服务。如自定义菜单栏目、增设客服等核心功能。服务越多，顾客就越容易产生依赖性，对品牌就会越忠诚。

原创：复制粘贴难以长久

微信订阅号是一个自媒体。只要是媒体，首先要考虑的问题就是内容。

传统媒体的做法通常是招募大量记者写报道。还有一些PC时代的互联网站点、门户网站，他们本身是有新闻资质的非官媒（如新浪公司），所以有自己的专职记者。今天，我国的舆论环境大为改善，只要不违反有关法律法规及社会道德，一般的内容都可以在互联网上自由地生产与传播。当然，自由也是相对的，不只是纸质图书，互联网内容也涉及版权问题。

简单来说，就算是微博内容、博客内容，那也是博主的创作成果，都有版权。人家不追究不代表你可以理所当然地复制到自己的公众号上。抛开版权问题，如果一个优秀的公众号每天靠复制的内容来维持运营，那也离收摊不远了。

微信是一个封闭的自媒体，难以靠一个人的原创力量去成就微信大号（络小说作家除外）。今天，虽然以原创为卖点的微信订阅号数量很少，但毕竟还是小有人在；尽管微信订阅号的内容靠原创折腾出来的很少，但这也不失为一种来源，一种没有后顾之忧的内容来源。有原创能力的订阅号，或者目的本就是想吸引那些喜欢读原创的粉丝的账号，与其复制，不如做一个优秀的原创微信公众号。就算不能确保篇篇内容都是精品，但至少在品牌度、用户黏度上有其特殊的作用。也只有这样，你才会变得与众不同。

公众号"福州微生活"保持原创性的策略	
策略	描述
版权保护	"福州微生活"有自己的律师:微信上的文章版权与传统媒体的版权一样,都受到保护。一旦被起诉,订阅号也有被举报的风险。
利益捆绑	"福州微生活"有自己的运营公司:负责人会给签约的写手稿费之外的利益保障。
媒体没落	在微信等新媒体的冲击下,传统媒体走向没落已成定局。

当原创也在微信订阅号上成为常态时,自媒体时代才算是由表及里地真正到来了!

竞争：新环境下的争夺战

在微信订阅号的江湖里，真实的订阅号生存状况应是"一半是火焰，一半是海水"。换言之，一批早些的微信订阅号刚刚站稳，一批新注册的订阅号又开始攻城略地，新环境下的争夺粉丝大战拉开了序幕，越来越多的竞争者们在不断地蚕食着老订阅号的地盘。

目前来看，微信订阅号主要有以下三种"死法"，如表所示。

微信订阅号的三种"死法"	
"死法"	描述
"招安"	微信诞生一年后，微信团队对公众号做出了调整，把公众号分成服务号和订阅号两类。最初的公众号要么升级为服务号，要么被系统默认为订阅号。在服务功能强大的优势利导下，很多公众号纷纷选择升级。结果没"升"明白的订阅号全军覆灭。因为服务号并不像想象中那样带来了更多利好。一旦运营不当就会走向毁灭。
"富不过三代"	曾经再有理想的订阅号，由于实力不强，想占有更好平台、更上一层楼的欲望最终也只能是失望。而当初大富大贵的草根大号，早就看透了服务号不是自己的菜，后来者自认为兵强马壮，可以自立为王，不想被服务号限制，结果无视腾讯的种种规定过度营销，最终被微信团队处以"极刑"。
"心灰意冷"	微信公众号刚问世时，你只要随便做个公众号，粉丝就会潮水般地涌进你的账号。那时，运营订阅号的人少之又少，所以不要什么经验，什么特别的选材就可以轻松吸引眼球。 可是，在微信用户数总量相对平衡的今天，大批后来者发现，微信粉丝非但不见长，反而是天天掉粉，从而失去了信心，也不想再在订阅号上耗费精力和时间。所以，最后这些号的命运大多只能"苟且偷生"！

上述几种"死法"都源于微信营销的大环境发生了巨大的变化——微信的新增用户基本饱和，而让老用户因好奇心去关注一个订阅号几乎是不可能了。在这种环境下运营订阅号靠什么？品质，也就是你的微信订阅号内容的图文质量，或者说是给订阅者提供的真正价值。在这种条件下，现在的订阅号只有深度营销，品质第一，内容为王，才可能发展，甚至是存活下来。

碎片：去中心化时代来临

现在"碎片化"很是流行，大有你不了解就有落伍之感，不过，大多数人的理解，也只是在时间的碎片化上，即在等车、等人、等事的碎片时间上，人们一有空就一头扎进手机里。

移动互联网的本质是去中心化。在PC时代，人们上网大多是选"新腾搜"，因为资讯传播的平台与渠道都集中在这些门户上，到了微信时代，每一个微信订阅号都是一个平台，每一个粉丝都是传播渠道，人们不再像在PC上那样，有一个稳定上网入口的习惯了。

除此之外，还有一种碎片化，即平台的碎片化。对一些企业类的微信订阅号来说，你没必要一定要有多少数量的粉丝，但你一定要有与你"来电"的粉丝，对你有感觉的粉丝。这就要求你的订阅号平台，一定是定位稳定、内容个性、粉丝有质量保证的。

定位稳定才会留住一部分人；内容个性，粉丝才会与你来电；有互动的粉丝，才是真正的高质量粉丝。粉丝一旦多了，除非借助机器智能回复，否则服务肯定跟不上。所以，对大多数微信订阅号来说，只服务喜欢你的人，放弃大而最好，另辟蹊径做小而美，才是新时期的运营之道。

订阅号新时期的运营之道		
关键	策略	描述
E——Exact	信息精准	发送消息不能贪多，不能过分打扰受众。许多企业建微信订阅号的初衷是想弥补服务号推送信息量的限制。终于可以在订阅号上每天推送信息了，从前没机会说出口的话终于可以一吐为快——如果这样那你就大错特错了。与用户无关的信息多了，对用户而言就是"垃圾"。因此，与其疯狂推送，不如精准推送。为用户发送更有价值的信息。
E——Easy	版式简洁	文章的标题、导读很关键。可以采用一文一图模式，最多三篇，承接"Exact"，订阅号文章的版式一定要简洁，不要让读者觉得阅读是件太累的事。即使是长篇文章，字数也最好在 1500 字以内。
E——Echo	时效性强	订阅号是企业的自媒体平台。今天的自媒体颠覆了传统媒体的流程，不受时间限制，没有截稿日期，随时随地都可以发送消息。这对那些习惯了按部就班的传统企业，不是件容易的事。订阅号更讲求时效性。因为阅读和当下热点贴合的信息，是越来越多用户的阅读习惯，如果你发布的消息已经"过期"，用户很难有兴趣点击阅读。
E——Enjoyment	可读性强	订阅号的文章不仅要有宣传性，还要有可读性。这就要找准内容契合点。例如一个地方媒体记者了解了一个全国性的政策，通常会进行本地化报道，如政策对当地的影响等等。"可读"就是要把热点与企业本身结合起来。
E——Empower	众包文章	微信是一个开放平台，企业也要以开放的心态，接受来自各界人士的供稿，并给予奖励。让文章"从群众中来，到群众中去"。如果坚持自己绞尽脑汁、挖空心思想内容，总有一天会江郎才尽。在社会化媒体时代，一定要有"众包思维"，而不是坐"孤胆英雄"。

吸引：有效粉丝才有出路

在自媒体时代，即便是普通人也可以有自己的"明星"生活——或多或少都有自己的粉丝。有了微信订阅号，每个人都有权利拥有大量的粉丝，而且这些粉丝甚至可以招之即来——可以没有成本、不限次数地用来商用。因此，粉丝就成了自媒体经营者都在争夺的最宝贵的资源。

打开"生意圈"第一件事：增粉

如阳光、空气、水——粉丝和这些大自然中的元素一样，我们都可以平等地去占有它、持有它，于是，那些看准了粉丝力量与作用的先驱们，以先下手为强的心态正展开着一场早已开幕，却还远未终止的、全国性的"圈粉大战"。

据了解，前期的微信圈，多的好友人数几十万上百万，少的也是

> @腾讯微信团队 V
> 微信朋友圈是由熟人关系链构成的小众、私密的圈子，它不是营销平台。我们不鼓励利用个人微信号进行营销，为了保护用户体验，净化平台环境，微信会对部分通过大量添加好友从事商业营销的个人微信号进行联系人数量限制，并对用户举报较多、涉及假货及商业侵权的微信号，依据有关法律法规进行处理。
>
> 2014-5-21 11:41 来自 微博 weibo.com   转发 1835 | 评论 782 | 👍390

腾讯微信团队发出的通知

三五万。不过,随着朋友圈的过度营销,微信官方在2014年5月前,把朋友圈的人数控制在10000人以内;5月21日,微信官方进一步缩小这个圈子,将(营销用户)好友上限调整为5000人。你的微信好友人数一旦超过5000人,微信团队就会这样提示你,如图所示。

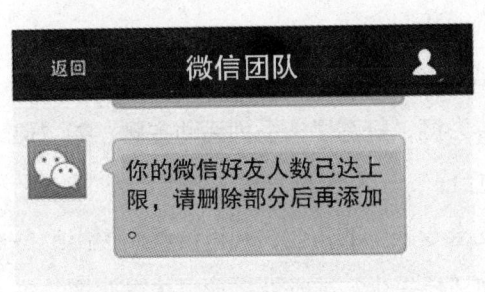

好友超过上限后微信发出的提醒消息

当然,这里讲的5000主要是针对恶意营销的部分用户,现在你的朋友圈人数还可以是10000人,只不过你推送出的信息只能随机让5000人看到。不论人数多少,就算一个5000人的圈子,只要你在圈内吆喝一下,几乎是全部粉丝都会听到,在这样的市场中你还愁卖不出产品吗——这也是"朋友圈"的销售特性。

打开"生意圈"第二件事:有效粉丝

获取一个粉丝很难,可是失去一个粉丝,却是分分钟的事。不想继续关注你的粉丝只要动动手指就可以取消关注了。

想要不"掉粉",只"增粉"还不够,还要增加"有效粉丝"的数量,并维系与"有效粉丝"的关系。

有效粉丝,顾名思义,是指那些对营销有利、有潜在购买力和持续关注度的粉丝。如果你的订阅号有20000个粉丝,但是真正每天定时查看你推送内容的只有5000人,那么你的"有效粉丝"也只有5000人,剩下的15000人充其量是偶尔阅读,平添人气的。

微信营销与微博营销不同,微信已实现了展示、购买、支付功能的闭环。订阅号的粉丝不是越多越好,而是越精(越忠实)越好。其实,未来的营销,无需太复杂的渠道,只要你的产品进入"有效粉丝"的手机,就是最好的营销。

如何才能吸纳"有效粉丝"？

先看几个最新的数据：唯品会的微信订阅号粉丝超过 60 万，每天成交数额在 6000 单左右；不少在淘宝做代购的卖家，30% 的订单都来自订阅号的粉丝；某旅行网成立一个月，通过吸收"有效粉丝"成交的订单额高达 30 万元。

杜蕾斯订阅号的"吸粉大法"值得我们学习。

杜蕾斯在 2013 年做微信订阅号时已然是出类拔萃，2014 年杜蕾斯继续坚持以往的幽默风格，加大活动宣传力度，打造了一系列活动主题，如"热门游戏"、"视频精选"、"杜杜电台"、"私密健身房"等活动。

杜蕾斯订阅号一直扮演"两性安全专家"的角色，回答粉丝们提出的各种关于两性的问题，粉丝们也常常被"杜先生"或幽默风趣或故意恶搞的答案逗得哈哈大笑。于是这些找到了乐趣的粉丝就成了"有效粉丝"，大大提升了忠诚度。这些粉丝在需要相关产品时，自然第一个想到杜蕾斯。

另外，杜蕾斯订阅号还有一个特色是，每周都会收集几条本周比较经典的与粉丝互动的对话，并增设一个单独的栏目来展示——"一周问答集锦"。由于两性问题的搞笑和尴尬，加上"杜先生"风趣又搞笑的回复，成为了忠实粉丝们休闲娱乐的消遣资讯，也让无数"有效粉丝"每周都有了更多的期待。另外，该订阅号还选取一些有趣的主题，辅助性地做有奖问答的互动，吸引粉丝参加，赠送许多小奖品作为鼓励。

这一系列活动无非都是为了满足"有效粉丝"的心理需求，牢牢把握住了粉丝的心，自然不用愁销量。

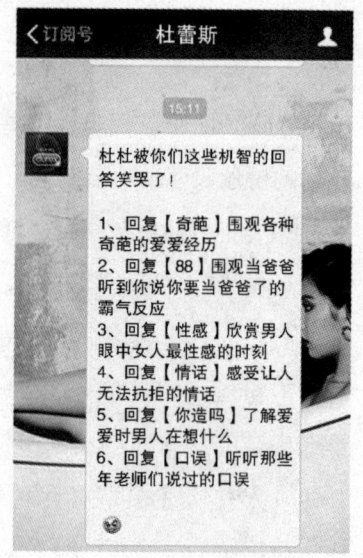

杜蕾斯订阅号

获取"有效粉丝"的步骤和技巧			
	方案	描述
获取有效粉丝的步骤	挖掘潜在粉丝	可以利用自有的各类媒体和渠道，去挖掘潜在的忠实粉丝。包括淘宝店、公司官网、推广手册、产品包装盒、产品手册、活动现场海报、易拉宝等各类投放的宣传。
	策划活动	多策划能够吸引粉丝关注的活动。
	口碑营销	鼓励粉丝推荐微信公众账号给身边的朋友，例如将你的公众号分享到朋友圈、QQ群等等。
获取有效粉丝的技巧	避免反感	弱化营销的味道，避免让用户反感。一味地推送广告只会让用户"屏蔽"你。
	把握频次	把握好发送的频次，通常每周1-2次比较合适，如果天天"骚扰"用户，质量没有保证，取消关注是迟早的事。
	内容为王	内容为王，简短、有趣的内容比长篇大论更有吸引力，内容可以不长但一定要精。若想让用户对你不离不弃，记住要让用户在3秒之内有兴趣继续看下去。
	搭配其他工具	灵活利用其他工具，如QQ、微博、淘宝旺旺、短信群发、邮件群发等宣传公众号。
	有奖竞猜	文章若不能吸引人，至少要有吸引人的奖品。可以多做有奖竞猜活动。

第五章

精细运营

一微万利的微支付与微商模式顶层设计

 **探底：微支付爆红的秘密**

用户在微信平台疯狂"抢红包"，不仅意味着一款社交产品的成功。大量用户因为抢红包、发红包而绑定了银行卡，微信支付用户数增长达到了高潮。其背后代表的是微信支付的爆发。

微信红包为什么会爆红？

操作简单是王道

微信支付只是微信的功能之一。它首先是一个社交产品，具有社交属性。用户的需求只是简单的收支和延伸。所以，微信在设计"微信红包"功能时，依旧遵循了简单的原则。

从用户的操作流程来看，2014年新年期间，微信是通过"新年红包"公众号，让用户选择发送红包的数量、金额，写上祝福语，通过"微信支付"就可以将"红包"发送给好友。用户点开接收的"新年红包"后便可获取相关的收益。如果想要提现，只需要绑定银行卡就可以在一个工作日后提现。"新年红包"公众号推广之初，用户在抢红包之前需要先写上祝福语，后来便改成了可以先抢红包再发送祝福。

到2015年新年期间，微信直接增加了"红包"功能。用户无需再通过"新年红包"公众号抢红包。短期看来，似乎微信损失了直接让用户订阅公众号的机会，但是从培养用户使用习惯来看，这样的功能升级减少了用户的使用负担。

微信红包 =AA 收款 + 随机算法

一位互联网人士认为，微信红包之所以这样红的秘密在于"踩准时间点，满足用户需求，一起玩激发用户关系链，通过利益黏住参与人。"

从微信红包付款、收款的方式来看，这与 AA 收款（财付通的服务）的逻辑相似。AA 收款是一个人从多个用户手中收钱，而红包则是多个人从一个用户手中收钱。二者的共同点是"一对多"。

微信红包团队最初想的名字是"要红包"，即一个用户可以向其他用户"要红包"，这个思路更接近 AA 收款。但一味地索要红包容易让被索要的用户反感，而"抢红包"更符合用户的心理。因此，最后我们看到的红包则从"要"变成了"抢"。

至于红包的钱数分配，微信红包团队也考虑过给收款的人一个吉利的数字，例如红包尾数是 8，但这势必会造成其他用户收到不喜欢的数字组合。

最终，开发团队决定采用"随机数字"的方式，增加了趣味性。

其实，在微信早期版本中就出现了两个互动性的小游戏——摇骰子和石头剪刀布，它们隐藏在表情功能里。在现实生活中，这两个游戏原本是用于朋友之间，通过"随机事件"来做决策，例如谁点大谁请客等等。这一随机算法被应用到红包中，用户就看到了各种随机生成的红包数额，甚至会产生 0.01 元的红包。事实证明，红包功能在短期内迅速上线，在技术的支持下，为用户带来了全新的趣味体验。尤其在 2015 新年红包大战期间，用户对红包功能的使用频率甚至超过了通讯功能，有些用户还建立了专门抢红包的群，红包功能受欢迎程度可见一斑。

引入"社交利剑"

"红包"这个功能并非微信一家的"专利"，在微信红包推出前，新浪微博和支付宝就有许多类似的活动。而微信的优势则是其庞大的朋友圈关系网络。

2015春节期间，支付宝最新版本也推出了"新春红包"的功能。其设计了4个选项，分别是"个人红包"、"接龙红包"、"群红包"和"面对面红包"；新浪微博也推出了"让红包飞"的活动，用户通过转发、评论、点赞等方式获取抽、抢红包的机会。

与支付宝相比，微信的优势在于它本身的社交关系链。而支付宝红包则是通过通讯录或对方支付宝账号的方式实现的，相比之下，微信的好友关系网更庞大。换言之，用户很少会主动添加"支付宝好友"，但微信作为日常的通讯工具，好友关系都是平时积累下来的。

而由于微信红包"抢"的动作，平添了更多游戏属性，比支付宝的讨要红包更为人性化。

实际上，先抢到红包再参与发红包的用户不占少数。"抢红包"满足了用户的好胜心理，而"发红包"则满足了用户的"土豪心理"。

新浪微博则是一个大广场，每个人都可以在上面发言，而微信更像是一个温馨的沙龙，收到

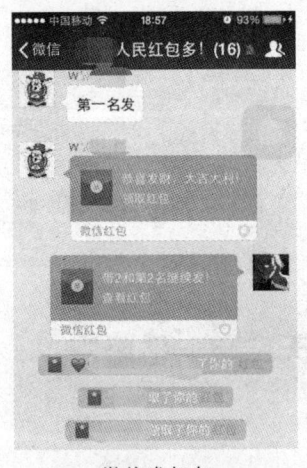

微信发红包

微信红包消息

邀请的用户才可以加入。

总的来看，微博红包是主动刺激用户参与互动，但由于微博关系不具有私密性，所以用户的参与度不高。微博的红包活动更像是一种营销行为，而微信朋友圈的用户则是建立在彼此信任的基础上，因此用户更愿意主动参与。

爆发：一天突破一亿用户

外界曾传言微信红包"一天突破一亿用户"，而实际上其真实用户量还相差甚远。于是，"微信红包也不过如此"的评论又开始浮现。从最初的"捧上天"到后来的"客观看待"不过短短几周时间。其实，我们大可不必纠结于微信红包的成绩是否达到了外界的期待，也无需计较它是否具有更大爆发力。

唯有换个姿势"拆红包"，你才能领略它更具普适性的商业价值。

源于生活，高于生活

艺术家们在谈论一幅作品的创作灵感时，通常会说"源于生活，高于生活"。

移动互联网的产品亦如此——微信红包就是一款"源于生活，高于生活"的产品。

在中国人的生活传统，比如子女升学、结婚宴请、孩子百天等人情送往活动中，都少不了红包的身影。春节更是红包来往的佳节。当这样一个源于生活的传统产品被拿到互联网平台，并在微信的私密社交平台传播开来时，它被赋予了天然的生命力。因为它源于我们真实的生活。

而他高于生活的地方在于互联网天然的优势——便捷性，让微信红包比传统红包多了乐趣和玩法。看似简单的微信红包，其中"抢"的乐趣直击人心。通过计算机随机发放红包数额的方式，彻底摆脱了传统红包的形态，让参与其中的人更有兴趣，也更具传播力。

可见，生活中原本存在的小需求，哪怕看似渺小，一旦与移动互联网结合，就会迸发出全新的火花。随着移动互联网对各行各业的渗透更加深入，用户的类似需求也会不断被挖掘，并进一步改造，从而不断爆发出更多优秀的产品。

比如大众点评。都说民以食为天，吃饭是人类得以生存的基本条件，从前寻找一家饭店需要四处打听，后来有了114查询系统，但使用起来毕竟不方便，直到大众点评问世，从前四处问询的习惯彻底被颠覆。再比如嘀嘀打车，打车是都市人的基本生活需求，但在没有嘀嘀打车前，人们只能站在街边打车，有了嘀嘀打车后，我们可以坐在室内约车不用忍受寒风酷暑，足不出户就能等待出租车到来。

老树新花，花期变长

红包是个传统且古老的产品，然而微信却让其开出了新花。不同的是，微信红包的花期要比传统的"红包"更长，花朵开得也更繁、更盛。

传统的红包通常是一次性交互，几秒钟就结束，一次发放一个红包。如果一次只能开一朵花，一开就谢，又有什么意思呢？互联网化的微信红包，则可以一次发放多个，一人与多人抢来抢去，互动更为持久。

这种互动还会"传染"。一个红包的发放往往不是结束，而是"抢红包"的开始。"抢红包"就好像会上瘾一样，发完第一个，后来者会被鼓动发第二个，今天抢完了，明天还想抢。一个人发了，其他人也要接着发。基本上是短时间内百花齐放。

不仅如此，微信红包还可以将花期提前。传统红包通常在大年初一拜年的那一刻才发放，但微信红包不受传统习俗的时间限制，通常在除夕前两天就已经火热起来，并且会在过年期间一直持续。这让微信红包拥有更多时间去拉拢用户，拥有更多时间让用户互动，拥有更多时间让用户绑定银行卡、使用微信支付。有人说这得益于微信的便捷，但其实更是得益于移动互联网时代的便利。与电脑端产品相比，移动终端产品与我们的生活靠得更近。近几年的互联网产品证明，移动端产品的爆发力都不会太弱。

让花期提前和延长花期，对所有移动互联网产品都有着非凡的意义。将花期提前，在竞争激烈的移动互联网时代，无疑是抢占了先机；将花期延长，则打压了对手产品的活跃度。

少一些贬低和空洞的颠覆言论，才能看清本质。换个姿势"拆红包"，就会看到其中不一样的商业价值。

肉搏：企业之间的红包战

微信红包作为春节期间最火爆的移动互联网产品，不仅成了大众茶余饭后消遣的工具，更成了互联网营销的一把"神器"。

其实，除了微信，春节前后，几家企业大佬也纷纷出手，大打感情牌，疯狂送红包。

360 搜索和华为云服务的红包活动				
企业	活动期限	方式	描述
360 搜索	2015.01.16 ~ 2015.02.15	派发新年红包	用户登录 360 搜索，检索任意关键词即可免费领取红包，100% 中奖。奖品总价值超过 3 亿元。
华为云服务	2015.01.16 ~ 2015.02.06	开启"马上有福，福满阖家"新年活动	向用户赠送大量华为终端产品和现金红包，培养用户在移动端云存储的习惯，进行情感营销。

抢红包活动的推出，让企业之间不可避免地上演了一场贴身肉搏大战。

红包大战过后，有人欢喜有人愁。不管怎样，企业都应该认真思考，在未来该如何继续打好"红包"这场战役。

免费产品 + 收费服务

目前，大部分企业对微信第三方产品的了解还不深入，再加上市场上的产品日趋同质化，所以通过一些低阶的微信产品，让企业免费试用，当企业使用熟练并习惯后，再对其推出收费服务，不失为快速打开市场的有效方法。

在垂直领域横向发展

尽管微信是一个开放的平台，但如果要在开放平台上做一个通用的、一次性解决所有问题的产品是不现实的。只有将一些垂直领域做深做透，企业才有可能借力微信平台脱颖而出。

多元化服务

未来大趋势是传统企业依托移动互联网平台打通线上和线下，实现O2O。而微信是这个模式最有效的平台之一。企业不仅要提供产品、整体解决方案，更需要提供多元化的服务，包括企业运营等增值服务。

移动电商的周边服务

移动互联网时代来临，微信普遍缺乏周边服务。随着微信官方推出微店以来，预示着微信移动电商时代已经到来。在未来，还会有大量商家进驻微店，尽管在玩法上不同于淘宝，但商家需要提供的周边服务却不会改变，所以围绕电商的周边服务将是未来的机会。

企业移动应用

前两年，我国中小企业的 IT 市场销售额高达 1000 亿元人民币，但企业移动应用在其中的份额还不到两位数。但随着微信逐渐普及，企业移动应用市场潜力巨大。为此，如何利用移动互联网特性，结合传统企业应用软件颠覆原有的办公模式，将是企业面临的新机遇和挑战。

至于企业如何才能通过类似"抢红包"的活动连接上每个用户，让企业的服务和传播最大化，微信只是为企业提供了基础渠道。接下来还需要企业和第三方平台相互渗透、共同努力创造价值。

营销：走进移动社交时代

羊年春节抢红包大战，让我们领略了微信的"可怕"魅力。此后，许多早已瞄准微信商机的企业，开始利用微信红包在移动社交时代做营销。由于微信、微信群是离用户最近、关系最密切的社交通讯软件，其中的营销机遇自然不言而喻。

回归社交属性

微信红包不仅是红包，还是一款回归社交属性的游戏。游戏的特点，在于能够不断刺激用户麻痹已久的神经，重燃用户的兴趣点。利用微信已有的社交属性进行推广，传播速度就会很快。另外，微信的互动性强也是基于社交网络的强关系。微信上点对点的产品形态注定了用户通过互动能够将普通关系发展成强关系。因此，第一步是打通关系；第二步是在移动端接入支付，打通交易。如今，微信的用户数已达 6 亿之多，而微信支付用户数也由 5000 万冲向了 1 亿大关。

在未来，随着微信红包、微信支付功能的强化，电影票、游戏以及 O2O 等各个领域的商业模式都将被重新定义。这对企业的启示是：未来做生意、做营销就要回归到社交属性上来，因为社交是最接近用户的地方。

支付引爆 C2B

微信红包爆红后，各种微信公众号开始拉帮结伙，探索微信营销的新机遇。

许多微信公众号通过发红包的形式，吸引用户转发内容，利用小成本实现了宣传。当你加入微信公众号的红包群后，通常被要求关注其公众号，并将信息转发到朋友圈，其最终目的是获取更多用户的关注，吸引流量。

还有一些人通过建立微信群，把粉丝聚集起来，使其形成互动。通常发红包的人比较活跃，而不怎么发红包或参与不积极的人则抢完红包便退群。因此，当粉丝转发后，就会要求群主发红包。

上述都是利用微信红包进行营销的事例。利用微信公众号、微信支付营销的企业已经不少。就在前不久，微信公众号可以申请使用微信支付了，这似乎预示着微信开启了流量变现模式，同时也是公众号转换营销模式的开始。

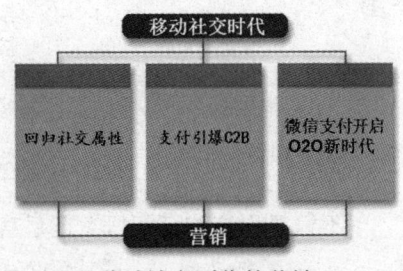

移动社交时代的营销

微信支付开启 O2O 新时代

微信支付开启了 O2O 新时代——以前的交易或服务都是通过线上营销、线下完成交易，最终再回到线上完成评价。而现在，微信支付成了连接 O2O 的关键环节，成为这个时代的集大成者。

美国的著名纯电动车制造商特斯拉的成功告诉我们，满足用户个性化需求的网络定制将越来越受用户欢迎。不仅仅在汽车领域，珠宝、彩妆、服装、家居等各个领域，这种趋势都不可逆转。企业可以通过微信平台，搭建一个营销群，设立微社区，召集潜在用户在此表达自己的想法与意见，同时企业也可以利用群与社区，满足用户的个性化定制需求。

这样的方式不仅仅是营销模式的变革，更是企业与用户近距离接触的开始。未来社会的主流消费群体是 80 后、90 后甚至 00 后，企业唯有想方设法接近这些用户，才有机会赢得市场。

这是一个商业生态被移动互联网改变的新时代，微信引领的新营销模式便是拉近与用户的距离。未来将是更加频繁的互动营销时代，身处其中的每一个传统企业都会被最大限度地改变！

优势：朋友圈微店更好做

不管是引流的订阅号，还是直接做电商的服务号，商家都可以直接向用户发消息，便于让客户更直接地了解商家的产品信息和特性。因此，微店是一种主动式的营销。这种营销模式有利于微信电商更好地积攒自己的粉丝，最后产生品牌效应。

具体而言，在"朋友圈"做微店主要有以下几个天然优势。

用户在线时间较长

在传统电商平台上，再努力的"小二"都会有等车、等人、上厕所等待的时间，还有饭前的时间、睡前的时间。因此传统电商在客服上、守店时间上很不人性。而微商在这方面可以说是极其人性化与自由化，你在上班路上、公交车上可以守店，在出外办事的途中也可以做生意，在与朋友同学 K 歌的包厢中，也可以做生意。相比之下，你的微商生活就没有那么累，你 24 小时在为客户服务的同时，也可自由地外出，甚至消遣娱乐。

用户活跃度较高

如今，人们只有在想买东西时才用电脑上淘宝、天猫等商城，平时生活中的时间几乎都被手机所占据，尤其是碎片化的时间。这样一来传统的电商平台人气就大大降低了。不过因为微信不仅是电商平台，更是社交平台，所以平时一有空大家都会关注一下自己的微信。要是你在朋友圈中发现一个你本来就喜欢的，也正想买的商品，或者是微信公众号推送的吸引你的商品，你肯定会点击关注并了解。而人在消费时都是非理性的，只要你对一件商品产生了解的愿望，你就有可能最终成为该商品的消费者。当然，还有一种情况是，人们在了解产品或服务后会有冲动消费的欲望。所以在微商平台，其用户活跃度比传统平台高，成交率自然也就高。

流量分配相对均衡

众所周知，在淘宝、天猫上，每逢重大节假日，尤其是双十一网购节，其成交量就几十倍甚至上百倍地暴涨。而在双十一这样的重要促销节前后的二十天，甚至是一个月，网站就进入静默期。这样真的好吗？

一来工作人员平时工作过于轻松，而节日时却又忙不过来；二来在大成交额下，商家未必就会取得收入上的翻倍增长，有时甚至只是"赚个吆喝"，还比不上平时的业绩。店铺参与促销也只是为升级或成交数值漂亮而白忙。而在微商平台上，就没有上述情况出现。主要原因是：

- 微商商家的主动性强，如何推广、何时促销完全在商家的计划中。
- 公众号引流是平缓的、持续性的，一般不存在暴涨暴跌的现象。

这样，商家就可以更加合理、科学地设置企业员工数量，不会出现闲时没事可干，忙时几倍的人员投入还是忙不过来的现象。

能让粉丝成为购买力

微信，特别是微信公众号能让每一个弱小的个体拥有自己的自媒体，而且这种自媒体还受隐私保护，例如外人不会知道你有多少粉丝，你这个账号真正有多少"料"，从而让你在任何时候，都可以自信地去获得大量粉丝。

相比之下，微博就没有这样的"福利"，因为它的粉丝数量是透明的。有了这个先决条件，每个人在运营自己的微信自媒体上都是平等的，至于账号运营得好不好，那就看你自己的本事了。

但每个微商都可以拥有自己的粉丝，这对微信电商来说十分重要，因为粉丝是可以转化成顾客的。区别在于，定位精准的公众号粉丝转化成客户的概率大一些，定位粗放的公众号粉丝转化成顾客的能力相对差一些，而这在传统电商上是不可能实现的。在淘宝等平台上，你要有成交量，一是要有老顾客沉淀，二是要靠皇冠等级，让散客在闲逛时因你的信誉度高而产生购买，再就是靠购买流量强出头，曝光自己从而促成销售。

而在微信上，商家本来就以自己的目标客户粉丝为基础，即便微店还没有开张，已占有了先机。

能沉淀顾客为粉丝

像淘宝、天猫等PC端电商，都是传统互联网中心化时代的电商，每个商家都想成为明星，都往这个中心舞台上挤，目的是出镜，增加曝光度。在这样的舞台上，后来者很难有真正的"出头之日"，因为每个商家只能以出场费多少，争取在舞台上站在什么位置，站多长的时间。一旦囊中羞涩，你只有默默下台了，因为舞池的中央又换成了其他有实力的商家。而微商平台却不同，交易一旦达成后，客户就会成为你的公众号粉丝，在交易之外，你还可以提供给他们有价值的内容。如此这般，你的顾客就会慢慢地沉淀、积累起来。这也是为什么我在上一章节讲公众号运营时，强调定位一定要精准，内容一定要有原创性和针对性的重要原因之一。

思维：轻电商的 5 大思路

2014 年 5 月 29 日，微信官方宣布推出"微店"，这让许多人眼前一亮。在微信官方介绍中，"微店"是基于微信公众平台打造的原生电商模式。正是基于微信公众平台，甚至手机的小屏幕，微店给人另一种想象空间："轻"电商时代已经来临。不过，大家要想玩转"轻"电商，微店就必须有自己的新思路。

关联思维

微店取名要与订阅号名字相关。

就目前而言，只有微信服务号，并且是取得认证后，才能开微店。而现在的微信是个封闭的系统，要是没有客户流量，微商很难立足。这就好比把再好的百货大厦开到没有人气的地方最后也得倒闭一样。所以流量对微店十分重要。

现在每个人的朋友圈的人数都有限，就算你有本事能吸引粉丝，微信也给你封了顶。所以说，公众号的粉丝对微店就显得十分重要。但由于微信服务号一个月也只能群发 4 条信息，所以服务号吸引粉丝的能力极差，粉丝只能靠订阅号来实现。这样店开在服务号上，而粉丝却在订阅号上，对粉丝与电商平台之间的对接就提出了更高要求。也就是认识你订阅号的粉丝在引入你的服务号时,你的服务号名字不能与订阅号名字出入太大,太大了就怕粉丝会想不起你来,甚至让粉丝有一种他被你卖给"外人"了任人摆布的感觉,当然企业内部的资源对接又另当别论。

"小而美"思维

前文已提及过"小而美"。在此补充一点,微店本来就是为了小而美存在的。

微店在服务号取得认证,在申请微信支付成功时,就有机会在微信上零成本、零门槛地运营了,而不像 2014 年 5 月 29 日之前,在微信上开店就要进入第三方开发模式,现在有微店权限就可实现包括开店、商品上架、货架管理、客户关系维护、维权等功能。这也是微信为了让更多的商家通过更低的门槛早日入驻微店采取的举措。

一般的商家有了微店也就够用了,不过,有的商家为追求个性化,或他们的产品、服务本就要求有个性化的呈现界面,所以在微店的基础上,账号可以进行适度的第三方开发。不过,这种开发最好不要搞得太重、零乱,否则,那还不如直接进行第三方开发,也没必要以微店为基础了。

简单思维

在这个世界上,越是大牌的商品,甚至是奢侈品,其外包与设计就越简单。其实,微店,特别是进入第三方开发的微店,在店面的装修上永远要记住的是:简洁、大气。生活中的网站如此,而手机载体的微店也如此,否则就是画蛇添足:花了大力气与大价钱,却没有为你的营销加分,反而是减分。如图所示为简洁明了的"佳能相机"微店的界面。

佳能相机微店界面

痛点思维

在微信上做电商，商家首先要考虑的是：手机屏幕有多大？在主流的三星与苹果手机上，首屏能显示多少内容？在最大屏的三星手机上与正常的苹果机上显示时，一样的字体字号是不是能让所有受众看得清楚等。就算平面设计图搞得再好，受众看不清楚，一切都是零。

在业界已做出成绩的"男人袜"品牌，在主页的推广文案让人一看就知道是一家卖男人袜子的企业，文案简洁，且直戳痛点："定期送商务男袜，让你像订杂志一样定期收到袜子！"

互联网思维

一般来说，在网上购物的人群中年轻人的比例较大。进入2015年以来，在经济圈最时尚与流行的词语应该就是"互联网思维"了，特别是开年之初，2015年3月5日上午，在十二届全国人大三次会议上，李克强总理在政府工作报告中称："制定'互联网+'行动计划，推动移动互联网、云计算、大数据、物联网等与现代制造业结合，促进电子商务、工业互联网和互联网金融健康发展，引导互联网企业拓展国际市场。国家已设立400亿元新兴产业创业投资引导基金，要整合筹措更多资金，为产业创新加油助力。"

自从李克强总理提出了"互联网+思维"，人们是言必提"互联网思维"，没扯上这个好像就是落伍了，与这个时代脱节了。

互联网思维是什么？讲用户体验，重口碑传播，再加上名字不主流一点，语言接地气一点，网络新词多一些，如此而已。比如，创业交流的网站不叫"中国创业者在线"而是叫"虎嗅网"，"馒头商城"不卖馒头、"土豆网"不经营土豆，而分别是动漫产品电子商务平台、视频分享网站，总之是要打破思维惯性！

开店：基于微支付的微店

在微店出来前，微信没有商店，只有可建商店的"土地"、"工具"和建店的一些"许可"。而有了微店，商户想在微信上开店就变得容易起来，门槛也低了不少。新推出就让业界眼前一亮，给第三方开发者心理造成打击的微店，是基于微信支付，并且涵盖添加商品、商品管理、订单管理、货架管理、维权等功能的微信原生移动电商。

那么，如何在微信上开个微店呢？

很简单，只要你完成以下五个步骤即可。

第一步：注册微信服务号

要开微店，你必须是一个企业，要注册一个微信服务号。

微店顾名思义就是开在微信上面的店，准确地讲是开在微信服务号上的小店铺。大家知道微信的服务号目标用户就是企业，现在个人是不允许注册微信服务号的。

从这个意义而言，微店就是阿里系的天猫，而不是人人都可以开店的淘宝。如果将来订阅号也可以开店了，那上面的店就是"淘宝"店了。

第二步：取得微信认证

企业注册一个微信的服务号并不难，因为是企业就可以注册到，难的是注册能取得微信认证的服务号，其实准确点讲是取得一个便于商业运营的好名字的微信认证。例如，你有一家公司想卖创意"点子"，然而"点子"或"创意"已是其他公司的商标了，那么，你想开微店，只能取不带"点子"、"创意"字眼的店名，才能取得微信认证。而这样的名字在商业上是没有推广价值的，因为去掉了关键词，谁知道这个店能提供什么服务。

第三步：交 2 万元保证金

微信官方说，在微信上是零保证金开店，那么为什么又有 2 万元的保证金呢？很多人对此深表不解。其实，是大家理解错了。对于开店成本，微店不收取任何费用，包括保证金，但商家在开微店之前要开通微信支付功能，而微信支付要缴纳 2 万元的保证金。

第四步：开通微信支付功能

经营哪一类商品，都要有相应的资格证书，而不是有营业执照就完事了。

企业要开店首先就要开通微信支付功能。而在申请支付功能前必须开通"商户功能"，并填写十分复杂的各种表格与承诺函，如下图所示。在这些基本资料中，还涉及许多证件，比如你是卖食品的微店，你得提供食品流通许可证或卫生许可证，不是只要注册了公司，一切就能完成了。

第五步：激活小店

一旦微店资格申请获得通过，商家就可以在上面出售自己微信支付范围内的商品。也就是说你通过了微信支付申请，可以开店了，但只能出售与你的企业或你的企业所拥有的资格相符的商品，而不是你想卖什么就可以卖什么。

过了微信支付申请这一关，你要做的就是激活微店的相关选项了，包括在后台实现添加商品、商品管理、订单管理、货架管理、维权等一系列操作。

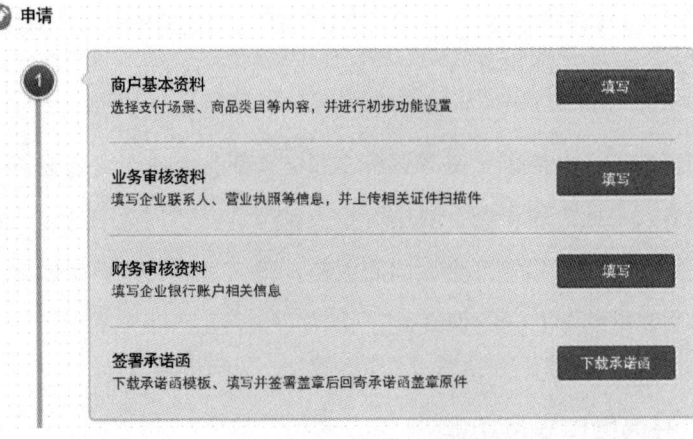

申请微店需要审核的资料

玩店：无需付费也有人气

和传统店铺一样，开个店容易，但要让这个店有超高人气却很难，所以人们才不惜高价在繁华地段、人流量大的地段开店。

如何增加自己微信店铺人气？以下几点建议供企业参考，当然，这几招不是指直接付费购买那种。

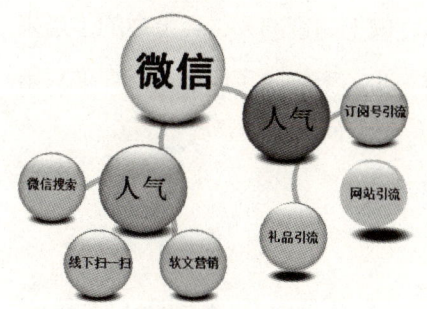

微店人气引流图

微信搜索

不管是传统的互联网还是微信，搜索都是一个不错的引流（吸引流量）选择。

遗憾的是，到目前为止，微信的搜索还属于基础搜索，且尚未建立起自己的搜索规则，加上手机界面小，随着微信公众账号的增多，你不想店铺的排名靠后，就算把其排在第四屏，要想人们点击到你，也只能是一件小概率的事了。

当然，随着微信搜索的慢慢规范，将来搜索必然是主流。也许将来微信还会专门在电商里开通商品搜索，而不仅是现在的公众号搜索。因为现在微信在服务认证过程中都要求企业填九个关键字，这可能是微信为将来商品搜索埋下的伏笔。

线下扫一扫

对一些有线下实体店、有实体公司在运营的企业来说，线下引流是关键。所以线下公司的画册、POP、橱窗、包装、名片、X型展架、活动现场背景、展会背景等，一切载体上都要印上微信店铺的二维码，让受众多"扫一扫"你的微信店铺。其实，这种引流最好的方式就是活动引流。在活动中，你可以做促销，做现场优惠等，促进用户关注你的微信店。

订阅号引流

有订阅号的商家在这时就派上用场了，因为你有自己的粉丝。要是你的朋友圈不够大，社会关系网不够大，在微信上开店你就寸步难行，因为微信不像淘宝，它不是一个开放的电商平台，一个中心化的电商平台。在淘宝上就算你没花钱引流量，也总有那么几个爱在网上闲逛的人，会上你的小店来逛逛。而微信到目前为止，还不能做到这一步，所以除了朋友之外，你只能把订阅号里的粉丝引到店铺中来了。

传统网站引流

许多企业都有自己的官方网站。然而，就算是有一定规模的平台型商城，在支付这一关上，也是十分不方便，一般都是通过阿里系的支付宝来实现。不过，有了手机支付，这一切就简单了。不管是在自家的企业网站，还是在相关门户上打广告，你都可以大张旗鼓地把受众引到你的微信店铺上直接销售产品。

赠送小礼品引流

如果前期能免费赠送小礼品，你的小店铺的人气自然就旺了，到后面，就可以通过已关注小店的粉丝或客户做推广了，这就是微信的一大优势，社交媒体的强项。

因此，不管是公众号本身还是微信店铺，最有效的引流方法就是小礼品引流，这也是为什么朋友圈上"集赞"那么疯狂的原因。不过这里说的赠送小礼品肯定不是集赞，因为那样你的微店可能就会面临被微信平台关闭的局面。在线上，如朋友圈里，在大家关注微店后给个小礼品，第一次上店购物送小礼品等，都是不错的引流方法。而在线下引流的方法就更多了，例如通过二维码，在展会、活动现场引导用户，关注小店当场就送小礼品等。

软文营销

传统互联网在人们的生活中，特别是在人们查找资讯时，仍占有绝对的优势。你知道这些了，那么，在移动端上你做什么推广，肯定都要想到对搜索的充分利用。而在搜索利用上，软文营销是最佳的营销办法。你的文字功底强可以写一些软文放到一些知名的网站上，只要质量尚佳，那些网站如"虎嗅"等都会为你推荐。而这一推，在原网上有多少人看倒不重要，在百度上能搜到就很关键了，因为不仅有更多的人因此看到你的软文，其他网站还会转发。这样读者爱看，网站也爱发、爱转，流量和人气自然也就来了。

运营：朋友圈的商业奇迹

能否在朋友圈创奇迹、炼真金，取决于对微店是否有良好的运营管理。既不运营也不推送就没有粉丝，没有粉丝对卖家来说就没有任何商业价值。但如果是刚刚成立不久的微店，人气还不是很高，粉丝数量又少，我们该如何进行运营管理呢？

首先我们应该明确什么是微店的运营管理。微店的运营管理前期主要包括微店的建设、寻找资源、发布图文信息，而后期主要是微店的推广。微信发展至今，始终在向着更简单、便捷的方向发展。可以说，其运营管理并不复杂。难的是如何才能持续运营，把微店管理得井井有条，兼具品质与人气。

其次，要把运营管理落实到具体行动上，这需要在以下几点上下工夫。

运营管理之策划微店活动

目前大部分淘宝店都是靠流量支撑着，同理，微店也需要靠活动来获取关注和订单。我们可以根据店铺运营情况选择适合的活动。例如，设置自定义回复的有奖问答，免费赠送店铺试用品，通过关注公众账号赠送包邮资格，微店下单可以减免或返现等等。

此前有用户通过"关注公众号即送面膜"活动也取得了一定效果。前提是用户想要获得赠送的面膜，必须在微店中发生一笔交易。这样一来既获得了粉丝，也拉动了产品销量和微店流量。

运营管理之衡量粉丝质量

衡量微店的运营管理是否有效有许多方式，如查看点击量和粉丝增长数量等等。

衡量粉丝质量的方法也很简单，在新增加了粉丝后，可以查看微店的流量和图文点击率有没有上升。另外，如果你的公众号互动数据每天都呈上升趋势，那么也意味着粉丝的质量较高。在这样的前提下，无论你卖什么东西，都能产生效益。

运营管理之微店的回报率

目前，微店标准版的年费是一年399元，平均每天1块1毛钱，包月33块。

根据大多数淘宝产品的利润比例来推算，如果你每个月能在微店上卖出一笔单价为100块钱的产品，那么你的微店至少不会赔钱。其他卖掉的就是利润了。换言之，微店不用受制于站内流量，公众号的图文消息发送不会像短信一样受大小限制，顺便还能维护与新老客户的关系，如此看来，微店还是值得我们花更多时间和精力来好好运营管理的。

第六章

微扩张

低成本运作，微信平台变商业柜台

电商：用微信做电子商务

"美肤汇"是第一家进入微信平台的垂直电商网站，当微信用户们在平台上添加过美肤汇的账号后，会发现自己的账号界面上出现了"美肤汇会员购物专区"。当他们点击进入后，可以自行选择商品，并在决定购买后，关联自己的手机号码。之后，客服人员会拨通手机，询问用户的手机地址，并确定购买意向，随后，企业将安排发货，并采取货到付款的形式来完成交易。

这样的一套流程，充分体现了电子商务和微信相互结合的实践可能。不过，这只是"美肤汇"利用微信进行电子商务的第一次尝试。

当许多微信用户发现自己收到来自"美肤汇"微信号发来的两条消息时都很纳闷，消息只有简单的一个英文单词"test"（测试）。正当用户们莫名其妙之际，他们又收到了来自美肤汇微信号的另一条讯息：

"恭喜您，您是美肤汇'今

美肤汇购物界面

日活动'中奖用户,今日收到美肤汇 3 条'test'的用户,可获 100 元'美肤汇'现金卷(无消费限制);收到两条'test'的用户,今日 22:00 前,在"美肤汇"微信商场成功购物,将在百元礼包的基础上免费获赠 16cmQQ 公仔 1 个;收到一条'test'的用户,每人获赠价值 78 元的韩国原装正品 Skin factory 面膜一套。时间有限,速速行动哦!"

很多添加了"美肤汇"的用户,都只收到了两条"test"讯息,因此,他们要想获得充满吸引力的百元代金券,无疑要通过消费来达到目的,而代金券本身,又需要进行更多消费后才能使用。

无疑,这次三条讯息连续发送的方式,正是美肤汇巧妙使用微信进行电商营销所创造的经典案例。

未来电子商务呈多元化竞争趋势

从技术角度来看,微信完全具备目前支付宝平台的直接交易功能,尤其应该注意的是,腾讯始终无法在个人电脑终端的电子商务市场打开局面,所以它更想通过微信在移动电子商务上有所作为。因此,将来微信中加入电子支付程序也并非不可能,这表明,未来电子商务和微信的合作,会让电子商务的多元化竞争态势更加明显。而像"美肤汇"案例中这样的营销手段,无疑是在为日后的竞争做试水和埋伏笔。

1. 微信可以实现跨平台电商推广

美肤汇的案例说明,越来越多电商进入微信公众平台的可能正在变得触手可及。需要考虑的是,传统的电商往往选择淘宝这样的平台作为推广、营销和销售的网络媒体,但是,电脑本身也存在必然的缺陷——当消费者在公司的电脑上看见感兴趣的产品后,产生的消费冲动可能瞬间而过,之后继续上班,等到下班回家后,这样的消费冲动已经流失殆尽,而电商也由此损失了不少的市场蛋糕。

但微信层面的电商推广完全可以解决这个问题,消费者可以利用微信来随时随地阅读和观看产品，能够通过即时支付手段享受这种移动互联带来的快乐，而这无疑也为"微信 + 电商"的合作模式指出了光明的前景。

2. "电商 + 微信"，先要有传统电商的强大基因

想要用微信和电商的合作来实现企业繁荣，营销者们还要认识到两者之间犹如毛皮的关系，"皮之不存毛将焉附"。在现阶段，传统互联网平台的影响依然很大，因此，仅仅依靠微信带来的新鲜和多元化，还不足以撼动传统电商的根基，当然，不选择微信带来的合作，又无疑是抱残守缺的狭隘观点。

为此，企业的营销者应该首先注重自身电商体系的强大，具体来说，即通过开设自身的电商网站、健全自身的电商服务体系、通过官网或天猫商城等媒介推广方式，加强自身品牌在传统电商领域的影响力。之后，凭借这样的影响力杀入微信中崭新的电商领域，就能够获得更多的起步优势，进则可以迎接微信电商时代，退则也能够作为传统电商的参与者瓜分市场利润。无疑，这样的策略是既符合未来发展，又看重眼下现实的营销思路方向。

3. 来源于 PC 电商，但也必须做出超越

目前，电商在微信上的生存状态可谓喜忧参半，正应了描述大时代到来的句子——"这是最好的时代，这是最坏的时代"。例如，淘宝上某知名化妆品电商，在进入微信公众号运营后，几乎没有收到过多少实际有效的用户查询。这其中的原因固然较为复杂，有企业自身的问题，也有微信开放程度的问题，但最主要的原因还在于营销团队没有设定好微信电商营销的方向。

想要选择正确的"微信 + 电商"的营销方向，应该拒绝那种简单将电脑互联网的购物体验进行强行移植的做法。一些传统电商企业只是将自己的移动 WAP 页面简单地复制到微信账号上，并没有进行任何移动端的页面优化，这样，在页面的不断跳转中，微信用户也就随之流失了。另外，还有一部分电商企业没有关心微信本身的社交属性，只是将在微博上获得过收益的病毒

式营销方式简单放到"微信+电商"的模式中,结果适得其反。

企业应该尊重微信现有的环境,站在微信目前强调客户关系管理、封闭社交互动模式的基础上,控制好发展的方向和步骤,从而保证自身在微信营销平台能够和传统互联网平台取得共同的发展和相适应的进步。

 **扩张：延长品牌"生命线"**

品牌，对于一家企业来说意味着生命线和发展基础，毫不夸张地说，即使原本没有什么区别的产品，冠上不同的品牌后，也可能产生不同的消费边际价值。因此，商业品牌的形成、发展、建设、推广和宣传，必然应该引起营销团队的重视。而在微信营销的过程中，企业本身的品牌如何塑造，也同样应该成为营销队伍诸多举措中的重点。

企业在微信平台的扩张之路

在现有的微信平台营销环境中，更加现实的是做好企业品牌的维护和拓展，而在这方面做得相对成功的企业，可以国际快餐企业中的麦当劳为例。

麦当劳的品牌形象中有一条卡通人物"麦食大盗"，这个卡通人物会每天给微信好友推送一个多媒体信息，或者是图文或者是 WAP 页面链接，打开之后则是视频或者录音。通过这样的方式，麦当劳将产品相关的讯息传递给了作为微信好友的客户。

事实上，不少企业也采取了类似的方法，在微信上将商业品牌进行更大范围的快速推广。需要重视的是，在微信这个新领域，如果不能将自身的品牌迅速扩大，在不久的将来会发现微信平台上已经布满了竞争的对手，如果到那时企业才意识到将品牌扩大，则显然无论在速度和规模上都远远落后了。

品牌本身是具有足够传播力量的，消费者对品牌的认可、对品牌的了解和传播，以及产品、工作人员和营销氛围本身，都能很好地诠释企业的品牌力量。但是，如果缺乏在微信平台上必要的传播方向和形式，即使品牌在线下具备相当的实力，也无法保证在移动互联网时代中不断升值。

1. 利用微信内容和界面打造品牌文化

微信界面的设计，应该能够突出品牌自身的文化特点，而微信内容的设计，也必须围绕品牌的内涵展开。例如，"麦食大盗"的形象类似于游戏中的绿色猪头，这个形象显得滑稽可笑，而又带着贪婪好食的特点，同麦当劳品牌中营造的快乐、美味的内涵一样能够充分渗透，同时，还能吸引麦当劳的主要客户人群——青少年及未成年人。

从这样的案例中我们能够看出，微信内容和界面的不同表达，决定了企业品牌文化在微信平台上的定位和传播，并直接影响客户对企业和产品的看法，决定营销的最终效果。

2. 选择正确的品牌代言形象

想要用正确的步骤和方法来扩大品牌在微信中的传播效果，企业还需要选择正确的品牌代言形象。一般来说，有两类企业的品牌更加适合在微信中传播：第一类是面向大众市场需要通过广泛宣传的产品，如普通日化、零食、儿童用品、快餐业、普通餐饮业等；第二类是强调利润的较高档次的产品，如高端家电、数码产品、汽车、奢侈品等。前者因为面向较广的营销对象，因此具备强大的品牌延伸能力，而后者因为较高的营销定位，则必须做到与众不同。

因此，在微信营销的平台上，大众类的品牌和高端的品牌，必须进行不同的品牌推广宣传策略，才能获得属于不同层面的效果。其中，选择正确的品牌代言形象是重要的一方面。

例如，同样是饮料，普通碳酸运动饮料的品牌可以通过邀请"90后"喜欢的歌手，在官方微信上发布语音信息来加强运动饮料和时尚感的联系；而档次较高的酒类，则可以邀请具有一定国际影响的影视明星，发布其品尝饮料的图像或视频，从而加强酒类同成功者形象之间的联系。

在微信这样方寸大小的平台上，营销形象的选择相当重要，因为一个匹配的形象，能够让企业的品牌得到充分、准确的定位，从而得到消费者和潜在客户的足够肯定。因此，让营销形象栩栩如生，只是微信营销的第一步；而让营销形象真正走进消费者心中，则需要营销队伍对品牌文化真正吃透后作出努力。

3. 保证完整性和持续性

商业品牌最重要的属性在于其完整和统一，一些企业的营销团队喜欢不断更换微信头像，似乎换个微信头像就能带给消费者足够的新鲜感和兴趣。但实际上，企业的微信同个人微信迥异，任何一次对已经确定的头像或其他界面因素的更改，都会影响微信营销人员做出的努力，并让原本关注企业微信的潜在客户感到必然的陌生和疏远。

所以，在营销中，注意保持企业微信的整体环境和界面稳定、完整以及持续性，而不是经常性的变动，才能让整个微信营销的品牌发展目标明确、计划清晰，为企业成长增加应有的推动力。

成本：抖掉身上的"包袱"

在这个资本运作的年代，对于身处商业圈中的每个人来说，成本都如同一句充满魔力的咒语，而对成本的控制和压缩，则可以称为是破解咒语的钥匙。但一方面，如果成功地将营销成本和营销效果做到平衡，对成本的降低将意味着利润回报的加大；而另一方面，如果盲目强调降低成本，最终影响到了产品或服务的质量、客户的实际体验或者营销的传播范围，则是毫无意义的。

在这样的前提下，利用微信进行营销，从而降低商业运作成本，减少企业所背负的沉重包袱，将成为营销者不可忽视的重要课题。

成本，成本，还是成本！

一家新成立的保险公司就遇到了成本控制的问题。对于新加入市场的竞争者来说，不仅要考虑让产品品质超越现有市场水平，同时还希望能够降低销售成本，从而形成竞争力。因此，这家公司想到利用微信来对营销成本加以压缩。

保险公司的"通病"，是个人产品的零售单所花费的销售成本过高。例如，从宣传、销售到大量的客服和电话回访工作人员，都需要支付薪酬，这些人员的开支加在一起，是一笔不小的营销成本。但好在该公司迅速掌握了微信营销的技术，利用微信的语音聊天功能来开展客服、销售和电话回访工作。

根据该公司试运行的过程，营销人员发现，语音聊天也同样可以忠实记录客户的谈话，为保险合同的签署和履行留下凭证。同时，比起传统的电话联系方式，语音信息可以在任何时间给任何地点的客户留言，不用担心打扰到他们的工作和生活，因此显得更加有人性化和私密感。最重要的是，微信传递语音聊天的费用比电话费便宜很多，所需要的客服人员和销售人员，也相应减少了。对于这家新的保险公司来说，微信的使用，为其带来了成本的有效降低和服务效果的有效上升。

利用微信来降低商业运作成本，可以说是新时代中国企业用来减轻成本压力的新思路，也必将成为更多企业要走的道路。

1. 充分利用微信的"一对多"效应

企业的传统营销成本之所以居高不下，原因在于对较多的客户进行宣传、维护和售后等，都需要一定数量的工作人员。即使较为熟练和富有经验的营销人员，也最多只能维护好十几到几十个客户，解答他们的疑问，询问和收集他们的反馈意见等。但通过对微信"一对多"功能的开发和利用，企业完全可以在微信平台上以数量较少的客服人员，为数量较多的客户进行服务，从而像案例中那家保险公司那样，从原本不可能降低成本的部分中获取更多的优势。

另外，微信"一对多"的方式还可以经过企业营销行为的诠释，获得更深层次的定义，在传统企业的营销宣传中，需要将客户定位为不同的消费者，从而在这些不同消费者所关注的不同媒体上做广告。例如，某手机品牌在传统营销过程中，可能需要将不同产品的介绍和特色通过不同的合作团队进行整合和设计，制作成不同的广告，发放到不同的平台上，以便针对不同的客户进行相应的推销。但通过微信平台，该手机完全可以用这一个渠道来针对不同收入、不同要求和不同职业的客户进行统一营销，这样，无形中节约了更多的成本。

2. 着重发掘微信目前的"免费午餐"效应

微信目前最吸引人的还是其"免费午餐"效应，在微信上发布产品讯息或者进行品牌试水宣传，基本上不需要什么营销成本，对于很多企业来说，它们往往可以利用这一点，为自己的产品或品牌找到一块"试验田"。

移动互联网的创业者团队经常会为这样的问题思考：新开发的那些手机应用程序，到底是先做苹果版本的，还是先做安卓版本的呢？但今天，他们更习惯于讨论这样的问题：究竟是直接投入开发手机应用程序，还是先在微信上进行试水看看效果呢？其实，这样的趋向恰恰反映了微信可以用来节约企业创业者在营销成本上的投入。

以手机应用程序为例。目前，开发一款新的手机应用程序，无论在苹果的 ios 平台还是在安卓平台，都需要经历前期投资来获取排行榜位置和关注度，这样的投资，有可能比手机应用程序本身开发还耗费企业金钱。但微信目前则还没有这样的收费渠道和可能，将手机应用程序的构想通过微信发布，甚至将其本身做成微信的应用来观察粉丝的上升趋势，能够有效地帮助企业测试产品的受欢迎程度，同时降低成本。从这个角度来看，微信展现的宣传空间更广，对成本的要求量也更低。

3. 选择合适的微信营销伙伴合作

除了企业自身的营销团队利用微信推广产品之外，企业也可以同合适的微信营销伙伴合作。

随着微信的崛起，一批以微信策划、营销和代管为业务的企业团队也纷纷浮现，如果企业具备较厚的实力和资源，不妨选择这些团队中报价合适、性价比较高而信誉度良好、技术领先的佼佼者进行合作，比起传统的广告商团队、报刊、电视媒体或网络媒体等，他们将提供给企业更多的选择空间，同时也更大限度地节约企业的营销成本。

柜台：平台可以无限可能

对于消费者来说，他们不仅希望微信平台上有不同的企业和自己互动，同时也希望微信平台像商店的柜台一样，能够陈列琳琅满目的产品，给自己更多选择的可能。不少用户即使不打算通过手机中的微信软件购买产品，也希望能通过这样的方式，获知更多的产品和服务信息，并通过这种对信息的获知来填满自己生活中那些碎片化的无聊时间。

从微信平台到商业柜台

由于有这样的需求基础和前提，微信平台完全可以被企业打造成为展示自身商业内容的柜台，通过丰富而可靠的手段，来体现营销内容，展现自身所能提供的价值。

某汽车企业同时在实体店、官网、微博和微信上推出了最新发布的一款产品，调查数据显示，在移动互联网的用户中，使用微信来观看其最新发布产品的比例最高。该企业通过微信的"朋友圈"图片功能和群发视频功能，向几十万名用户及时发布了产品的外观和技术指标，并第一时间听到了来自用户的反馈。

这种利用微信平台来展示产品的方法并不复杂，选择此种营销方案的企业也并非是"吃螃蟹者"。此前，就有一家民营医院，通过上传和分享视频，帮助该医院的所有微信好友了解整个医院的就医流程，并展现医院的优美环境、周到细致的服务态度及康复者的现身说法，从而起到了很好的宣传效果。

随着市场的发展和企业经营项目的日益增多，消费者对消费风险的警惕性越来越高，对消费过程做出的规划也越来越提前。因此，对于企业营销团队来说，更应该意识到利用微信来向特定消费者提供充分的产品或服务信息，这将能够为他们最终的消费选择带来更充分的选择凭据，并加深他们对企业产品和品牌的印象，即使没有促成当时的消费冲动，也能够在一定情况下产生后续作用。

在将微信平台打造成商业柜台的过程中，我们应该利用微信的特性和功能，一方面关注微信的私密性，另一方面按照消费者的自身选择意图适当将信息公开。

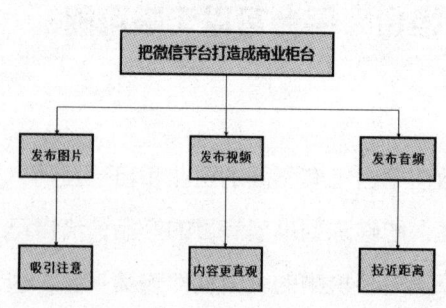

微信平台打造成商业柜台的过程

1. 发布图片，吸引注意

微信的特性之一在于能够利用迅速、简洁、有力的形式抓住客户的注意力，而利用图片显然是这种思路下所产生的良好方法。

一家蛋糕店利用特殊光线下单反相机对柜台内的蛋糕拍的图片进行微信宣传，并选择在下午茶的时间将这些图片群发给好友。可想而知，在这个时间段将这些图片发送到客户的手机中，对客户的食欲是一种积极的刺激，而对他们的审美意识也起到了一种唤醒的作用——在经历忙碌的工作，还有一两小时就要离开办公室的时候，人们都愿意欣赏颜色鲜艳、造型可爱而令人感到愉悦放松的美味食品。在这样的过程中，该企业成功利用微信的图片功能，抓住了客户的注意力，并促成了他们的消费。

2. 发布视频，内容更直观

用视频发布最能代表企业特点的产品和品牌讯息，可以让客户接收到更加直观的内容，同时，由于视频包含更多的信息量，存在较多的解读方式，也更容易被潜在客户主动接受、理解、分享和记忆。

值得一提的是，微信的视频需要营销团队提前录制完成并上传发布，而微信流量的大小，又直接影响潜在客户会花费的接收成本。因此，营销者不能过于追求视频内容的全面，因为这必将导致视频时间的延长和拍摄时间的增加，不妨根据客户的分组原则，录制不同侧面的视频，又或者对同一段视频进行不同角度的剪切，从而保证每位客户获得的都是自己最需要的信息，同时又不会给他们带来增加接收费用的困扰。

3. 发布音频，拉近距离

如今，名人开通微信号似乎成了中国互联网一道新的风景，不少影视明星、乐坛艺人纷纷以拥有自己的微信号为风向，并通过语音对话直接和粉丝进行交流。虽然这些语音本身是录制好的，但一向只能在演唱会或电视上看见的明星能够走进自己的手机，还是让众多粉丝们感到兴奋异常。

企业也同样可以用声音来拉近产品和消费者之间的距离，例如，通过邀请产品代言人在微信中"献声"，亲自向用户介绍产品特性，或者通过采访老客户阐述产品优势的音频等，都能让潜在的消费者在收听之后更愿意全面了解产品。

总之，微信既可以是重要而封闭的社交工具，也可以是公开而大众化的传媒平台，认识到这一点后加以着力使用，企业一样可以摆脱.com，摆脱.wap，用微信来构建一个属于自己的虚拟商业柜台，并吸引更多眼球的关注。

互动：重视你的用户感受

微信的本质是什么？有人说，是互联网发展和前进的方向；也有人说，是新的商业化趋势；还有人说，是腾讯一家做大中国互联网产业的新的武器。但是，这些解读实际上都过于偏重于从企业、营销、商业领域来解读，而忽视了微信用户的感受。

微信的趣味性

如果能够抛开既有成见，不再为自身的职业角度所困，设身处地从微信用户和企业客户的角度考虑，我们完全可以这样解释——微信，对于占据了最主流使用者的普通人群来说，其最大的意义除了便于交流，还包括趣味性和"可玩性"。

的确，微信为用户带来的趣味感受是很多互联网工具一开始也同样具备的，QQ 刚出现的时候，当时的很多网民对这种能够自动隐藏起来的聊天工具兴趣盎然；微博刚出现时，也有很多用户是为了能够领略这个在同事圈和好友圈中口耳相传的东西，开始了自己互联网生涯中新的篇章。微信的趣味意义也同样不可否认，而这种发自微信使用群体对趣味的追求，又能让企业在营销方法和方向中做出怎样的改变呢？

在微信平台上入驻的公众账号中，有这样一家摄影素材提供和分享的店铺,该店铺官方账号在某次国庆长假期间发起了"××国庆出游随手拍"的活动,并通过"朋友圈"相册分享的功能,在假期获得了将近上千名用户提供的照片。

然而,获得网友提供的照片并不是活动的结束,而仅仅是这家店铺营销之路的开始,据统计,该网站在经过这次客户提交照片的活动之后,其官方微信号的粉丝增加了数千人,而其移动访问流量即使在互联网流量较低的长假期间也得到了有效的提升。

其实,这次活动的成功,最重要的原因还是利用了微信的双向互动的应用,将图片作为承载潜在客户和企业之间的载体来传递,并让这样的传递变成更多人参与的趣味。例如,用户不仅可以在其官方微信号上看到其他网友投稿的"我在九寨沟"的图片,还可以看到"我在香港看升国旗"的图片,发表评论或者复制转载的同时,用户还能自己发送"我在泰山看日出"的图片,而所有的图片最终通过微信朋友圈的形式得到同步转发,并展示给更多的好友。于是,在简单的上传和转发之间,用户获得的不仅有分享的快乐、受到羡慕的虚荣心满足,也获得了对整个活动的兴趣提升,以及对企业更好的印象。

可见,通过用户对微信趣味性的关注,企业可以进一步吸引对自身产品或服务产生兴趣的微信好友,并通过活动来增强他们的忠诚度。

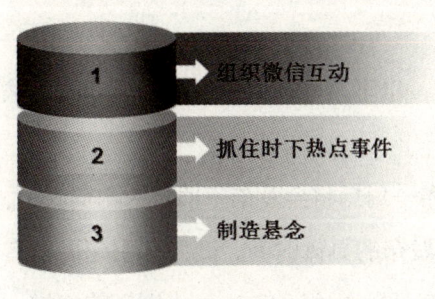

通过趣味互动增加客户忠诚度

1. 利用用户的表现欲组织微信互动

在上面提到的竞赛活动,就是利用微信用户的表现欲望组织的一种微信互动,在这种互动中,企业扮演的是组织比赛的角色。但实际上,一些同样有趣的微信互动中,企业的营销部门并不需要扮演组织者,甚至应该有意识地让自己作为盈利团队的角色隐藏起来,例如,组织像案例中的那种照片分享活动、组织交友活动或者组织群聊活动等，在这些能够激发用户自我表现的活动中，企业发挥的作用主要是引导用户和烘托气氛，并在活动的某些时间段中巧妙地见缝插针来传播产品、服务的理念，打造品牌文化，而在大部分过程中，不妨放手让用户的表现欲来支撑整个微信互动，以便让整个活动看起来更加有趣，更加富于吸引力。

2. 抓住时下的热点事件让互动更有趣

随着新闻媒体变得越来越强大，个人关注的趣味点越来越接近于整个社会所关注的焦点。早在 21 世纪初期，互联网已经开始通过热点事件的炒作逐渐走进每个人的价值取向和趣味追求中，诸如各种搞笑事件、社会名人八卦、演艺圈风波、企业之间的竞争、国际政治的风云变幻等，往往能在信息纷呈的状态下，迅速抓住网络用户的眼球。而微信时代，热点事件同样是能够让互动变得更加有趣的重要手段。

如果企业营销团队能够抓住产品或品牌的特性，并将之同热点事件结合，很有可能在最短时间激发起用户参与互动的热情，并促使他们通过活动进一步了解产品，达到将营销蕴藏于趣味活动中的目的。

3. 制造悬念，增加趣味性

除了热点事件，有意制造一些悬念，也可以增加用户对微信活动的趣味感，并使其愿意投身其中、乐此不疲。

例如，某企业在其官方微信号上宣布一周后将会发布一项新的购买政策，感兴趣的用户可以发送语言或文字竞猜发布的具体时间。而为了引起更多客户的注意，该企业每天都会发送"距离产品发布周还有××小时"的字样，使其不断出现在用户的手机屏幕上，让他们逐渐产生兴趣，并加入竞猜队伍。最终，由于悬念而产生的期待感，果然如营销团队事先预料的那样，产生了强烈的吸引力，让客户直到产品发布时，都保持着高涨的热情状态。

客户的忠诚度不是靠盲目发送信息可以维持的，将微信用户获取、接受和阅读微信的过程从整体上变得更加有趣，才是营销团队在这个平台上努力的目标。

故事：积淀传播品牌文化

翻开那些知名品牌的历史，人们往往能够发现这些品牌背后有各自不同的故事。这是因为一个品牌在发展过程中，会有相应的情感累积、经验积淀及文化延伸等，这些因素经过共同的发展和融合，形成的就是属于品牌自身的故事。

品牌故事对品牌文化的影响

在推广品牌的过程中，营销者不能忽视对品牌故事的讲述，反而应该利用微信这种传播速度快、传播范围大、封闭性好的平台来为品牌故事做充分的讲述。甚至一些原本并没有太多品牌积淀或故事的企业，也可以利用微信平台相应的资源，打造和品牌原有形象并不相同的故事。

国内某著名 IT 业杂志，创办接近 20 年，但在运营过程中，并没有注意到对品牌故事的积累。直到某年情人节前夕，该杂志在连续一周的时间里，每天在微信平台推出以"××杂志和我的爱情故事"为主题的活动。在微信平台上，该杂志在封面上以活泼靓丽的青春女性吸引主要群体（青年男性）的注意力，内容上主要通过不同年龄段、不同职业和不同经历的男性如何因为该杂志而发生了爱情故事为主题，采取第一人称的叙述手法，每天一个完整故事，主题鲜明而情节突出。

在这一周的"爱情故事"主题推出之后，该杂志官方微信号增加了上万名粉丝，原本冰冷、理性、金属感强的杂志，摇身一变，在微信平台上成为充满温情、感性且能够带给"宅男"们更多幸福感的家园。这正是一个通过微信来推广品牌故事，重塑品牌形象的经典营销事件。

微信策划、发布和宣传品牌故事，贵在精准和到位，能够体现与众不同的内涵性和方向性，可以把握到受众的真实内心倾向，并对自身的品牌做出更加丰富的解释和宣传。因此，品牌故事自身的优点并不在于多，而在于通过以下三方面获取的特性。

1. 寻找品牌素材并整合

在所有品牌故事开发之前，营销团队都必须深入企业内部，梳理品牌发展的过程，寻找其中能够产生独特吸引力的素材。例如，企业名称的来源、品牌的含义、发展的历程、研发设计技术方面做出的突破、发展历史中的重大事件等，对上述因素，营销团队应该以原创的精神、充满热情地进行仔细的梳理和阐述，从而让企业品牌更加经典更有内涵、更能够代表更多人和更高档次追求的精神面貌和内在神韵，从而通过微信平台的传播，打动目标消费人群。

因此，在这个过程中，品牌的素材搜寻和重组，显得格外关键和重要。"功夫在诗外"，微信营销想要做得更加出色，营销团队应该在创造品牌故事之前，耐心地进入企业的工作氛围中，注重发掘那些表面上看起来并不明显的品牌精神和外延，并将之包装成为令人耳目一新的故事元素。

2. 抓住成功品牌故事的特点

同其他平台传播的品牌故事一样，微信品牌故事也需要具备充分的真实感、个性和侧重面。

首先是真实感，真实感并不是指故事必须真实发生过，而是指故事应该符合企业运行和产品销售、使用过程中的必然逻辑。例如，上述IT杂志的爱情故事，看似同计算机主题本身并没有太多联系，但故事中无论"借还杂志发生的爱情"、"图书馆里的偶遇"，还是"帮女同事修电脑"、"约会时带一本杂志打发等待时间"的桥段，都显得真实可信，富有生活感。

其次是个性化，过于恶俗的题材和主题已经被炒烂，就算再好的包装也难以让这些故事打动人心。例如"贫苦青年励志成为千万富翁"、"情侣因为误会差点分手幸亏某件产品起作用"、"通过购买产品表达孝心"之类的故事，虽然其本身有不错的情节和一定的正能量因素，但与品牌结合后，经常显得过于俗套，令消费者无法记住。

最后是侧重面，品牌故事有必要抓住品牌的某个特点并加以深入挖掘。那种希望品牌故事面面俱到，通过一段故事将企业整体风貌概括的做法，是很难成功的，反而会让故事显得过于庞杂凌乱或者不知所云。尤其在微信这样的平台上，更有必要通过醒目的图片、凝练的标题和隽永简短的文字，增强故事的独特吸引力，而不能给客户带来"灌水"的错觉。

3. 品牌故事不应过于强势

即使在传统的传播平台上，强势的品牌故事也经常游走于吸引眼球和陷于失败之间，而在微信平台上，由于其封闭性、内部性和广泛即时性的特点，过于强势的品牌故事将更容易造成受众的负面感受，甚至产生与初衷相反的效果。

例如，在故事中过分强调自身产品的某种特点，暗示或直接指出相似产品在这方面的不足，会让人感到企业过分强大的自我意识，过分夸张某些逻辑关系，而不让用户有思考的余地，如"爱她就一定要买×××"、"再不购买×××你就落伍了"、"×××产品，改变你生活的希望"等。这些营销语言在传统媒介中起到的效果或许不错，但面向微信用户这些充满自我意识、擅长信息搜集、喜欢独立思考、追求个性释放和关系平等的群体来说，所能产生的作用就相对寥寥了。从这个角度出发，品牌故事要尽量设计和包装得具有亲和力、更加客观，从而能让微信用户接受，这是营销团队需要特别注意的事。

第七章

微收费
前后向收费，向微信电商要利润

小而美：微信电商的淘金时光

曾几何时，淘宝网上"小而美"的电商们看见了自己的黄金时光：义乌市青岩刘村，原住人口只有上千人，而村民们网上电商一年的交易总额居然高达 8 亿元，这意味着淘宝网上交易超过 50 万笔的"金冠"店，有 10% 分布在这个村里。然而，随着淘宝平台代表的传统互联网电子商务行业的逐步规范，当年那种"开一家赚一家"的风头不再，再加上产品的更新换代速度不够、缺乏差异性和独特性、弱肉强食的竞争激烈化，让小卖家们纷纷选择了退出。

但是，微信电商却在此时步步前进，涉足微信平台的电商们，开始打磨自己的商业盈利模式，并向市场发出试探的号角。这也说明，微信平台的电商模式绝非无望，而恰恰是刚开始。

微信电商从未停止前进的脚步

国内某家知名的茶叶电商品牌，其业绩在整个网络上的销售排名稳居前列，一年的销售总额超过了上千万元。但这家企业并没有忽视微信平台的扩充，在营销团队的带领下，该公司在业内率先开发了微信公众号。

起初，该公司同不少企业一样，只是将公众号当成一种对外界进行宣传的媒介，经过相关营销专家的指点后，该企业的营销团队开始重视微信公众号的盈利意义。他们将公众号的二维码、微信号及客服QQ，同时放置到官网、天猫商城店、官方微博、产品宣传册、海报、宣传单页和产品实际包装上，另外，在上述平台上还推出了微信销售的广告。而配合这样的活动，官方微信还推出了各种茶叶知识相关的宣传内容，每三天向关注者推送一次，并邀请微信营销团队加入，打造相关解决方案。

通过这样的营销方式，虽然该企业微信公众号的订阅用户目前不是太多，但是基本上每名订阅者都因对茶叶的兴趣和其公众号的宣传，而成为该企业的重要客户。显然，微信为这家企业带来了更加领先一步的盈利模式。

根据这样的模式经验，电商在发展微信营销过程中，应该紧紧抓住盈利方式，将之作为目标，并在营销到位的基础上做好相关配套的服务，保证微信营销成为企业新的"输血管道"。

电商通过微信进行营销的方法必须在一定程度上摆脱微博等传统方式的影子。

电商营销新思路：
- 通过微信将新、老客户进行有效分类
- 鼓动粉丝相互推荐
- 充分利用不同的微信接口和助手

电商营销新思路

1. 通过微信将新、老客户进行有效分类

大多数企业的微信公众号，都是通过网络渠道进行的——即使有以线下为主的情况，最终也要转换为用户在互联网上的关注——因此，客户的来源区分就显得尤为重要。想要成功提高电商店铺的销售效率，企业必须能够及时、准确地做好新、老用户的有效分类，从而便于进行充满个性化特点的信息推送和销售策略。

例如，通过分组功能和扫二维码功能的结合，企业就能完美地实现对客户新、老程度的鉴别和区分。具体做法是，企业可以将优惠信息或者产品信息生成二维码，并利用文字信息，指导客户对二维码进行扫描后，及时回复

"新"或"老"字样,并附上其个人在电商官网或平台上的用户名。根据客户回复的"新、老"信息不同,企业就可以对他们进行快速的分类,并添加上用户名、邮件、手机号等备注,便于日后进行准确的推荐和营销。

2. 鼓动粉丝相互推荐

值得注意的是,在可以预知的未来,客户自身所产生的社交关系将一直是企业可以充分利用的营销和宣传渠道。具体来说,客户本人对产品的看法经过有效传播以后,能够为企业带来更多的关注和好评,吸引更多的新客户,创造更多的业绩,即"每个客户背后都关联着24个以上的客户"。

因此,电商在进行微信平台营销时,可以抓住那些具有粉丝号召力或能够激发更多粉丝参与产品体验和评价的"重量级"微信用户,比起普通用户,他们更乐意和粉丝分享信息——如朋友圈和微信群或者企业推送的消息。而在这些"重量级"用户将信息分享出去的过程中,他们本身对企业产品和品牌的好感也得到了提高和确信,并会利用其个人社交圈中的关系,为企业带来更高的新客户转化率。通过这一途径,电商将得到更好的营销业绩。

3. 充分利用不同的微信接口和助手

目前,随着微信的迅速发展,针对淘宝网开发的微信接口层出不穷,这对于微信用户的体验及电商自身的营销开发,都有很大帮助。实际上,电商企业还可以自建基于WAP或3G技术的网站,从而监测在不同营销活动中,客户对推广接口的打开率和跳转率,通过对这些数据的客观观察和分析,即时得到营销活动的效果评测,并做出良好的调整,进而获得更好的获利方式和途径。

VIP：增值服务的 N 种可能

　　微信平台目前最大的优势，在于其发展前途的"不明朗化"，这种"不明朗"实际上代表其更加广阔的前景。对于企业的营销团队来说，微信可以是一种聊天工具，也可以是一种客户关系维护平台，可以是媒体传播的关系圈，也可以变身成为电商商店。但实际上，营销团队还应该想到的是，微信可以变成通过硬件交互和平台服务互补的界面，这样的界面特性，将能够为消费者带来更好的体验与服务。

个性化服务还有多少种可能？

　　微信的技术不断进步，将带来更多创新和可能，因此，利用微信为消费者带来更多私人化服务、让每个客户都成为实际的 VIP，已经不再是企业营销团队不可触及的目标。

　　这方面的有益探索，已经体现在微信平台的快捷酒店服务上。由于该行业提供的是服务，所以目标用户的位置、个性需求，引导着微信营销的思路。该企业将微信巧妙地打造成为每个客户设计的个性化工具，从而获取他们的好感，触动他们对企业和产品的兴趣。

　　快捷酒店曾经的微博营销走进了一个误区，即利用微博的好友分享功能进行推广。在这种营销设想中，当用户出差到某城市并住进快捷酒店后，他们只需要将酒店的具体地址和电话分享到微博中，就能获得好友的关注。但实际上，微博是一个相当公开的互联网平台，分享功能的确能让信息被更多人看见，但实际上除了快捷酒店员工之外，很少有客户愿意在微博上公开这样的信息——理由很简单，没有多少人希望把自己睡在哪里公布在网络上！而在微信平台上，这样的个性化服务功能得到了体现。

例如，小潘出差去深圳，他可以直接将自己的酒店信息用微信分享给他的朋友，而他的朋友则可以利用微信中的接口，直接打开"快捷酒店管家"程序，并通过地图导航功能找到小潘，这样，在个人隐私信息不泄露的情况下，小潘顺利地实现了对特定目标的信息共享。

当微信进入 4.0 版本之后，由于微信可以将用户当前位置发送给好友，于是，"快捷酒店管家"软件组直接注册了一个新的微信公众号，"订酒店"。利用这个公众号，用户发现了一种更加简单、更加个性的订酒店方式——他们可以直接用微信公众号来回复文字，并确定订单，或者输入另一行文字来取消订单。这一切同时照顾到客户所在位置的特点、对酒店的需要等。可以说，基于微信所创建的这种服务，充分实现了"人人都是 VIP"的理念，也为微信公众号的所有者带来了更加明显的利润和业绩。

当然，目前并非所有企业都能在微信平台上做到百分百的个性化服务和 VIP 服务，但如果能够及早准备、开发和整合必要的资源，比同行业竞争者更快实现"人人都是 VIP"的理念，将能够帮助企业在未来获得更多的优势。

1. 利用微信收集客户兴趣爱好

微信可以用来交流，也可以用来收集数据。如果通过软件来统一收集微信之间的文字互动、计算和分析客户对产品的描述或者感受，那么在数据量达到一定基数的情况下，企业将能够建立客户兴趣爱好的数据库，并进而为每个客户做出具体的资料存档。

这个工作或许需要大量的时间和人力，但实际上这种搜集可以先小范围的进行实验，如将搜集放在具体的某个地理位置上，抑或设定在某个年龄段中，甚至具体到某一个时间点上，这样，通过积少成多的搜集和整理，对客户兴趣爱好的调查，最终将能够为实现个性化和 VIP 化服务打下坚实基础。

2. 利用好"基于地理位置"的分享

目前，微信所实现的对用户地理位置的分享，也可以作为打造个性化服务的重要手段。例如，当客户来到企业销售网点附近时，如果通过微信管理助手软件，企业能及时让客户搜寻到相关销售网点，或者主动向客户打招呼，或者集中向客户发放漂流瓶等，那么就能实现对有特别要求的客户提供他们所想要的产品和服务。

某企业经营的产品是土特产，在该城市火车站附近设有销售门店，但由于具体地点并不是很好，因此销售业绩不佳。在微信升级到 4.0 版本后，该门店利用微信管理助手软件，集中向火车站地区的用户投放漂流瓶、打招呼和"摇一摇"，很快让这家门店的生意得到了较大的提升。

3. 做好对客户的沟通工作

当然，明确客户的独特个性需要，最直接的方法还是让他们自己直接说出来。如果微信服务平台能够像呼叫中心那样实现一对一的服务，如安排客户服务专员同客户进行语音交流，通过沟通和谈话，明确客户需求。这样一来客户将会发现微信的服务平台不再是冰冷统一的模式，而是具备了传统营销行业中那种充满人性化服务的理念。

实现这样的微信营销方法，必然会给企业带来更多的人力成本支出，因此，妥善地做好分析和衡量，确定是否以此方法来进行个性化营销，将能让企业获得更为明确、稳定的发展方向。

总之，个性化营销，是营销水平达到一定程度、营销技术充分发展之后才能做的业务领域，在微信方兴未艾的今天，对个性化营销的有益尝试，将为企业在微信领域的盈利模式开辟出新的思路和方向。

 ## 游戏：做好利润的"嫁衣"

有人说，微信即将成为中国的 App store，而后者则是美国苹果公司为其系列产品的用户所创建的服务，当用户从 App store 平台浏览或者下载应用程序后，他们可以决定免费试用或者购买，从而让这些程序在自己手中的终端设备上运行。其中包括：娱乐程序、游戏、日历、翻译程序、图库，以及各种各样的实用软件。通过这个平台，一系列软件开发者获得了极大的收益，当然，苹果公司在其中的分成也不小。

微信游戏到底多赚钱？

微信平台上游戏的进驻，显然能够让相关开发者和懂得利用的商家们赚到盆满钵满，属于微信平台的游戏开发时代也很快就要到来。

联想集团在微博上自称为"想哥"，当营销策略延伸到微信平台上后，继续讲述"跟哥走"的故事，不同的是，在微信上联想采取了玩文字互动小游戏的方法。其实，通过互动小游戏形式来推动新产品的营销，在微信上并不少见，不少企业找到流行的形象代言，其中有流行歌手周杰伦、电影人物钢铁侠和擎天柱、动漫人物喜羊羊和灰太狼……而联想微信游戏中的主角则是小说故事里的福尔摩斯。

在用户将联想官方微信加为好友之后，只需向其回复"福尔摩斯"就能开始拯救华生、打击犯罪分子的游戏，而整个游戏将伴随用户回复的不同文字，而展现出不同的情节。其幽默的文字、悬疑的故事、加入密码和侦破元素的气氛，让用户似乎变身为小说情节中的名侦探，拥有一腔正义热血，时刻追寻真相，沉醉其中。而在游戏当中，还有一些相当有趣的环节，如解谜答题的环节，用户需要从选择项中做出4选1的选择，才能看到情节的继续发展，增加了更多的融入感。

当然，即便是游戏，联想也没忘记将产品广告植入其中，而植入的方式则既能够引起用户的关注，又能同整个游戏形成一个整体。在游戏中，"想哥"带着联想的新产品Yoga笔记本电脑，和福尔摩斯共同出生入死，而新产品Yoga笔记本电脑则不仅能够担任炸弹计时器、音乐播放器和线索展示板等，甚至还成为游戏最后情节完成的钥匙——只有将联想在线商城的Yoga笔记本电脑全部卖完，微信好友们才能看见最大的罪犯莫里亚蒂教授阴谋的失败。

完成福尔摩斯的游戏之后，联想微信并没有闲着，最新一期游戏"十脉神剑"已经正式上线了，其中还有更多富于互动乐趣和技术含量的游戏因素，而联想的众多粉丝也已经投入新的游戏中。

目前，除了联想利用微信游戏进行营销之外，杜蕾斯带有丰富恶搞精神和青春活力的游戏也颇为吸引粉丝们，而果壳网的微信游戏则以其高难度被誉为高智商粉丝的专属游戏。

实际上，更多属于下一个时代的手机游戏也正在登录微信，其中还包括HTML5手机网页游戏，它们很可能成为新的获利领域。

现阶段，想要真正利用游戏来为利润做一件"完美嫁衣"并非无稽之谈。

为你的游戏设计一种能被广泛接受的模式

游戏已经成为一种技术、艺术的综合文化体，包含了文学、动画、故事、影视、音乐等诸多要素，因此，企业的微信游戏想要迅速抓住粉丝的心，就必须邀请较为专业的游戏设计和推广团队，开发能够被广泛接受的游戏模式。

诸如角色扮演游戏模式、解谜题目为主的游戏模式、微信用户互动的游戏模式等，都可以让企业的关注者们在微信平台上获取同PC平台游戏接近的游戏乐趣，从而保证他们能够在短时间内产生对游戏和其背后企业文化、产品品牌内涵与外延的了解兴趣。

游戏的年轻化特色必须明显

联想和杜蕾斯，其业务领域风马牛不相及，但客户群体却具有共同点——以年轻客户为主。推而广之，目前利用游戏来作为微信推销工具的策略，更应该结合年轻化特色才能针对其客户群体，发挥精准化的作用。

除了利用正确的游戏角色外，游戏中文字的表述应当跳跃、幽默和"段子"化，挑战性应该调整适当，既不能过于简单，也不能难到影响游戏体验，另外，游戏的年轻化还应该表现在以章节形式来分出段落，保证用户能在较短的时间内获得完整游戏段落体验。

植入才是游戏营销的王道

当然，游戏最终只是营销的外壳，植入产品相关信息才是这种营销方式的"王道"。

例如，让产品扮演游戏中的道具，将产品研发的过程放进游戏情节中，通过游戏角色来演示产品的用途等。适当地让产品在游戏的各个环节中出现，不仅能够刺激微信好友记住产品的名称、特点，同时也能提高新客户的转化率，带来更多加入消费的老客户。

品牌广告：集中营销"火力"

将微信号打造成广告载体，这样的营销创意具有很强的吸引力，但是，更多营销团队面对的是这样的事实：广告主们主动联系的毕竟只是那些已经成了"腕级"的微信大号，对于普通的草根号，他们并没有更多的精力来予以关注，甚至都无暇正视。

因此，对于手中只握有普通微信号的营销团队来说，直接与广告主联系，集中营销"火力"于某些专业品牌的广告，显然成为其推广自身微信、同时实现盈利的必由之路。事实上，那些目前看似已经成功的微信大号，也必然经历过这样的阶段，在他们尚未成名的时间段中，只有通过"对口"的广告主或企业，才能实现通过广告带来盈利，同时支撑其微信号的影响进一步扩大。

如何走一条新鲜的专业品牌广告之路？

林生是广东某音乐学院的青年钢琴教师，硕士毕业后留在该校任教，由于从事专业教学和研究的原因，林生有着很强大的圈内号召力，无论校内学生、校外学生、家长还是社会音乐爱好者，都愿意同林生探讨相关的音乐知识。在微信兴起后，林生很快有了自己的微信号，并通过微信发起群聊和语音分享，和微信好友们分享自己对音乐的见解和实践。

经过一段时间的积累，林生的好友已经多达数千人，他甚至邀请了好几名学生组成团队管理自己的微信。恰巧，林生的某位同学在某公司微信营销团队中工作，经过他的提醒，林生很快和国内几家实力雄厚的钢琴生产企业取得了联系。在列举了自身微信号的种种优势和资源的重要性之后，企业答应直接和林生合作——凡是林生发布的微信广告，都能获得一定费用，而如果通过其广告决定购买的，林生则可以获得销售提成。此后，林生不仅从这个微信平台上得到了更多的社会关系，还通过广告营销发掘了人生的第一桶金，相比起辛苦的教学工作，这样的获利方式显得更加简单和便捷。

林生对其个人微信的利用和开发，为他的收入提高和营销经历的丰富奠定了良好的基础。其实，正视自己手中的资源，主动出击寻找企业合作，成为自由广告商，在强调自发布权的微信时代中，已经不再是单纯的梦想，而是切实可行的方法。

在主动寻找广告主体的过程中，我们应该注意：

1. 对自身微信号进行综合分析和评估

"知己知彼百战百胜"，如果自己都不能对自己的微信资源进行仔细的分析和评估，不确定这些资源可以为企业带来怎样的广告和营销效益，那么想要通过主动寻找企业来获利，就会成为空中楼阁，无从立足。

可以对如下层面的资源进行分析和评估：

首先是微信好友数量。一定的微信好友数量，才能够保证微信的传播力度和覆盖半径。几百个微信好友，是不够资本向企业提出代理广告的。通过种种途径增加微信好友数量，是走向自主寻找广告的第一步。

其次是微信好友的社会层次、收入、年龄特点。对于微信好友，营销团队应该有一定程度的了解，当然，在微信好友达到一定数量后，对他们的了解过程需要更多员工的参与。

再次，组成微信管理团队并利用微信运行的辅助软件，进行好友特点的统计，形成清晰、合理、统一的调查模板，制作成可以让企业一目了然的记录，这样就能更为直观地告诉企业你的优势所在。

最后是对自身营销团队知识结构、能力特点和人员组合的分析。一个微信号之所以能够成为良好运作的发布平台，离不开其营销团队的默契合作，因此，营销管理者应该对团队做深入了解和客观分析，从而熟悉每个工作人员的特点，并了解运作中互动的方式，把握好整个团队能为微信号的广告营销带来怎样的收益。

2. 通过准确渠道发现相关企业

在了解自身微信资源的特点之后，通过什么渠道寻找对这些资源感兴趣的企业，是营销团队的事业能否顺利开展的重要步骤。比如通过在互联网平台上的搜索，寻找同产品关键字联系紧密的企业网站，或者通过电话黄页按种类寻找，或者通过微博搜索这些企业的官方微博等。总之，将营销的"网"撒得越大、越准确，从企业中找到重量级"买家"的可能性也就越大。

3. 采取正确谈判方式吸引和说服企业

想要吸引和说服企业，关键在于能够向其列举微信和产品结合的途径。这是因为依赖传统传媒平台推广产品的企业，并不一定了解微信的优势所在，甚至根本没有接触过微信，但一旦他们发现其中的价值，必然会产生极大的热情。因此，营销团队必须要通过PPT、视频等形式，有针对性地围绕企业关心的回报率、差异性、推广速度和范围等问题，做出精确和详细的说明，从而打动企业。当然，通过和广告商合作，"组队"向特定企业招商，也能够获得不错的效果。

商业广告：加入百人微信群

营销，是否仅仅是成熟企业的事情？是否那些刚刚创业的团队或者只是对此有兴趣的人士，就不能利用营销在新兴的微信时代分得市场的一杯羹？答案当然是否定的，微信为我们提供了更多盈利模式，除了前向收费外，向企业家投去你"贪婪"的眼光，一样可以找到精准的盈利点。

一位在 A 省某五星级酒店担任行政主厨的老庄师傅，兴致勃勃地开始使用微信。不久他就熟练地掌握了整个产品的功能，由于老庄师傅在餐饮界相当出名，同时也结交了不少社会人士，人脉关系相当雄厚，因此他的微信好友数量很快破千。老庄又是个喜欢热闹的人，经常将好友们以微信群的方式聚集在一起，热烈讨论各种业务和话题，上到国家时事，小到市井逸闻，无所不包。

不久之后，老庄接到了几个广告商的单子，对方提出，希望能借助他的群聊时机，融入一些软性广告。比如请餐饮界的师傅向非专业人士推荐某种调味品，或者请师傅们推荐一些食品等。老庄慎重地考察了几种产品后，和自己的几位好友组成团队，并安排好各自的任务，接下了这样的单子。

微信新版本大力推进百人微信群，而在其设置选项卡内加上了聊天室权限，老庄作为已经拥有开通百人群权限的人，又通过邀请赠送名额的方式，让自己身边的 20 位同事、朋友获得了升级百人群的资格。这样，老庄带领的广告团队正式成型。当然，虽然规模扩大，但这个团队散发广告始终坚持着一定的原则，如严格控制数量和形式、严格规范广告内容、严格审查产品质量等，因此，到目前为止，老庄的微信群事业依然在红红火火进行着，每月给这个团队带来的收入大约有十几万元。

微信群接单，以群聊的形式派发商业广告，真的可行吗？

当然可行，不过，想要更加安全、稳定和长效地完成这样的营销，从企业那里赚到钱，要注意以下事项。

掌握发起微信群聊的方法

由于在"一对多"发送广告的方式中，微信群聊是重要的途径，因此，无论企业、团队还是个人，都有必要认真学习和实践。

在登录微信以后，单击其主界面右上角的魔法棒图标，然后继续单击"发起聊天"，如下图：

接着，选择那些需要被添加到群里面的微信用户好友（如果再次单击，则取消选择），单击确定，就可以创建微信聊天群了，如下图：

在群内，可以发起群聊，集体发送图片、文字或者语音。

当然，管理好群，是通过群发广告盈利的基础。营销团队通过单击聊天主界面右上角的按钮"-"，然后再单击群内成员头像左上角的"-"的方式，将之从群内删除；反之，单击"+"，则能够再次添加新成员到群内。

聊天群的名称是可以更改的，这样，可以更好地突出不同时段、不同内容的营销主题，并给群内用户以充分的心理暗示。方法是，单击群界面右上角的按钮,并选择"群聊名称",然后输入新的群名称,进行保存就可以了。

广告接单应慎重

影响力较大的微信群,可能是许多企业、广告商眼中最好的市场资源,因此,这些微信群的营销负责人和团队面临着各种各样的诱惑。在这样的环境下,广告接单应该慎重,对于那些内容模糊、合法性存疑、质量缺乏保证和受众目标明显和群主题不同的广告,应该坚决拒绝。只有这样,才能保证群发广告的营销事业能够在微信平台上顺利成长,并保证获利的长期性。

广告内容应该寓于聊天内容之中

曾几何时,人们对微博平台上大范围的刷屏、转发、推送感到厌倦而无奈,微信公众平台起初也有过这样的倾向,但对此,腾讯相关高层痛下杀手——微信公众平台很快被整顿干净,不允许那种赤裸裸的病毒营销模式再出现。这表明,微信平台上的群发广告行为必须更有营销艺术,更能为群友所接受。例如,将广告内容进行充分的装扮,采取不同的聊天话题来引发群友对产品的关注,利用图片分享或语音叙述来转移群友对广告宣传性的质疑等。可以说,微信时代,就是广告软文平台的时代,过于"硬性"的植入,已经无法在微信群为主的渠道中传播和生存了。

植入广告：富媒体自助传播

微信的广告营销盈利模式，充分体现了其领先于微博的优势，这是因为微博受限于其 140 个汉字的长度，更受限于其无法充分推广和不精准的到达率。举一个例子就可以看出微博在富媒体推广上的尴尬：虽然许多企业的官方微博宣称自己的粉丝达到 n 万、每天转发次数是 n 次、评论有 n 多……但这些数字并不代表社会真正接受和认可了企业，其真实性也值得怀疑。实际上，在微博上是很难进行真正的富媒体传播并进而获得较高曝光率的，除那些用钱买来的"僵尸粉丝"之外，真正会将企业微博进行转发的用户又有多少？具体来说，在上百万个粉丝中，如果能有上百个用户愿意转发企业营销广告就相当不错了——转发率只有少得可怜的万分之几。

富媒体的利润空间有多大？

因此，企业微博营销面临的问题，正是微信营销者面临的机会。微信可以充分利用其富媒体自主传播的方式，将广告植入其中，并保证这些信息被推送到每个关注企业官方微信的用户那里。同微博粉丝很少获得真正来自企业品牌的信息相比，微信面临的机会更多，而利用微信平台进行广告营销的团队，能够从企业获得的利润空间则更大。

个中道理，首先还要从什么是富媒体广告说起。

富媒体广告，是随着网络技术的充分进步和消费者的成熟而崛起的，这种广告不再只是简单的文本和少量低质量的 GIF、JPG 图片，而是包含声音、图像和文字等多媒体组合的媒介形式。

举个例子来说，同样是一款洗发水的广告，在曾经的微博广告时代，只有 140 个文字来表述产品的功能和特性，加上一两张 JPG 图片表现洗发之后的润泽效果。但在微信广告时代，营销人完全可以通过平台进行富媒体广告的制作。例如，营销团队可以将一篇带有照片、链接的文章发给用户，文章中描述了一位文艺女青年如何因为头发的问题而被心目中的白马王子所讨厌，最后怎样通过洗发水让秀发获得了迷人魅力从而获取爱情，图片则是充满青春文艺范的校园风格，同时，还带有一段为该洗发水代言的明星的最新歌曲，连接部分则是该洗发水品牌活动的网址。这段文章的最后，还附有一个小小的心理调查——你喜欢的发型代表你内心的性别倾向，而用户可以在四个选项中选择一个并回复，回复之后将立刻收到答案。

可想而知，这种将诸多因素集结在一起的微信，比起微博或者其他传统媒体，其广告属性更加复杂，也更容易让用户产生新鲜感。用户们不用再为满屏幕刷出来的广告文字而感到厌倦，也不用再为千篇一律的图片而感到无聊，富媒体给了他们更多的选择机会，让他们更愿意去接受企业的营销策略。

不过，富媒体广告兴起的时间并不长，而想要在更新的微信平台上将之做得更加出色，则需要同样出色的眼光和方法，制作良好的广告效果，获得宽阔的推广路径和优秀的客户感受。

充分了解富媒体广告的属性和特点

富媒体广告的特点在于其不需要用户安装任何插件，就能够直接播放视频、语音、图像并进行双向的语音信息通信。这种良好的广告方案，可以提供多感官接触广告的营销机会，并能对产品的特色、品牌的理念进行更加精美的创意和细腻的表现。

因此，在具体设计和制作富媒体广告时，营销人应该能通过创意上的改变、理念上的更新，告别旧有媒体上广告的创意模板，而寻找更大创意空间。例如，学会从用户的不同感官进行分析，寻找更多方式来传递广告信息；寻找和用户之间的更多交互可能，从而开发对他们来说更具有吸引力的表达形式等。实际上，富媒体带来的改变，首先是对设计者创意和头脑的改变。

寻找良好的素材制作富媒体广告

"巧妇难为无米之炊"，如果缺乏良好的素材，制作精良的富媒体广告也就不现实了。因此，广告营销团队应该在充分搜索和制作素材的基础上，准备足够丰富的精美图片、动人语音和网页链接，从而保证富媒体广告的效果永远不缺乏打动人的魅力。另外，对这些素材进行必要而准确的分类，使之适应不同的产品文化和品牌要求，如面向学生用户的素材组和面向职场白领的素材组，要经过仔细的鉴别和划分，从而保证广告营销的效果。

把握不同客户对富媒体中不同因素的喜好

富媒体的"富"并不意味着各种元素的大杂烩，营销团队不要以为将不同形式的广告元素拼凑在一起就是富媒体营销，而要根据不同产品的客户特性，来设计不同因素在营销中所占据的具体分量。

举例来说，那些时间较少、无暇慢慢摆弄手机的客户，如公司高管、企业重要人士、社会精英、政府要员等，他们通常只会对较少的文字或更加直接的语音信息感兴趣，因此，那些定位较高端的产品，在富媒体形式的广告中需要向这些因素有所侧重；反之，那些时间较多，甚至连上课也抱着手机发微信的大学生们，他们对清新亮丽的文字、能够带来探索乐趣的链接更感兴趣，因此，像时尚饮料、品牌服饰或者传媒信息之类的富媒体广告，则应该以这样的格局为主。

富媒体是微信的特色，不可否认，富媒体广告也将成为微信广告的重要特点，只有正视并利用这一点，微信广告才能向营销团队敞开宝藏的大门。

投放广告：把 TA 带入新页面

微信的价值，已经引发了多方利益力量的关注和博弈。在广告营销方面，一种新的投放和传播方式也方兴未艾。由于一些企业并不愿意直接通过微信平台传播广告，或者没有时间来组织群聊发放广告，因此，采取第三方页面的方式间接投放广告成为一种可以考虑的方式。

采取第三方页面传递广告的方式，有着无法替代的优越性：

首先，传播的广告信息体现在微信内容上相当简单，甚至只是一个将用户带向新页面的二维码，这样，用户选择的余地更大，不存在被"强迫"接受广告的可能。

其次，传播的广告信息更加全面和直观，因为用户将被带入一个新的 WAP 页面，而在这样的 WAP 页面上，无论图文信息还是视频信息，都具备更多打动用户的可能。

当然，在这样的推广形式下，广告营销也具有一定的缺点，首先是在选择是否进入 WAP 页面时会有一定的用户损失，其次是 WAP 页面的信息量虽大，但其中可能存在的不恰当广告信息会影响用户的体验，继而让用户对微信号产生抵触情绪。

企业如何在间接投放广告营销过程中获利？

某 KTV 企业，在春节前夕使用微信发送第三方页面的形式进行了一次成功的营销活动。整个活动使用了下面的流程。

某 KTV 营销活动流程	
步骤	内容
活动开始前	先向所有粉丝推送活动消息，其中包括宣布活动的文字、相关奖品和礼物的图片及具体活动的规则等。该企业还规定，只要微信粉丝能够提供新加入好友的昵称，他们将有资格参加活动之后的最终抽奖。
一周内	该企业每日新增订阅微信的人数迅速爬升，从开始时每天新增160个上升到400个左右，在这一周内，粉丝激增了几千名。而活动正式开始后，每个粉丝都接到了指向第三方页面的链接，他们打开链接后，呈现的是一个WAP页面的刮奖游戏，在短短一个小时内，就有500多人参与了游戏，一时之间，该企业的网站流量激增。
活动结束后	WAP站点上的奖品全部派发完，整个活动成本不超过一千元，却为这家企业带来了几千名精准用户，知名度也得到提升，而后续的新客户加入率和转换率也提高了。可见，基于第三方平台而进行的间接广告形式，实际上并没有将企业的影响力直接带入微信平台，却能够为企业带来良好的投入和产出比。

想要在第三方平台上做足产品营销的文章，营销团队既要充分利用微信，又要利用好第三方平台，同时兼顾WAP站点和页面的作用，毕竟，这三者充分结合，才能发挥营销效果。

利用第三方平台来编辑微信广告

为了应对微信官方的某些变化，不少第三方平台推出了自主广告的功能，微信用户在上传实名资料给这些平台后，就能够在它们的公共账号页面上安排广告，并进行支付宝的交易和分成。

采取这样的方式来链接外链的页面广告有如下好处：首先，第三方平台编辑操作较为简易；其次，第三方平台有着统一的管理方法；最后，第三方平台还能够吸引相当数量的用户关注进而关注企业的广告。

WAP 页面应该具备充分的吸引力

需要明确的是，在点击进入 WAP 页面之前，已经有一部分用户因各种原因放弃了这种选择，如果 WAP 页面不具备足够的吸引力，进入 WAP 页面的微信好友也会迅速退出，甚至可能不再关注营销者之后推送的任何信息。

如何把握住这种"唯一"的机会来留住客户？这就需要 WAP 页面的设计精巧细致，出人意料，具有特色，显示企业的与众不同。例如，采取鲜艳的图案搭配、不拘一格的字体，或者利用抽奖、小游戏等方法，让微信用户感觉 WAP 页面同样具有足够的新鲜感，从而形成规模效应。

应在发送 WAP 链接之前做好相应铺垫

即使微信具有较多的粉丝，但如果事先不做好充分的铺垫是无法起到应有效果的。因此，企业营销团队应该在营销开始阶段通过多种渠道和方式，将 WAP 页面活动的内容事先"透露"给好友，使之成为一个悬念并形成互相模仿的效应，这样，才能保证 WAP 链接得到更多的关注和点击。

铺垫成功与否，是 WAP 页面能够获得多少关注的重要因素，一般来说，可以通过好友相互邀请获得神秘奖品、神秘偶像即将登录 WAP 页面及前××名登录者有优惠折扣等方式，事先在微信平台上进行宣传，让更多粉丝了解 WAP 页面的存在，并产生期待。这样，当链接发送时，他们做出的点击将更为迅速。

# 软性广告：藏起来的广告语

在第三章潜力 1 中我们就提到了软性广告。需要补充说明的是，不可否认，微信营销包含了较多的移动互联网络技术，有着较新的技术应用和跨界组合，不过，强调对微信营销的看重，并不意味着企业就要完全放弃既有的营销手段。实际上，一些通用的手段是完全可以从传统领域延伸到微信领域的，而软文则理所当然属于名列前茅的一种。

软文的分类及举例	
分类	举例
叙述式软文	2012 年 3 月 31 日，××公司举行了对优秀人才的奖励大会。在大会上，营销经理小赵凭借 100 万元的优秀业绩，获取了公司最高的业绩奖——一辆最新出品的 ×× 牌汽车。众所周知，这位营销经理小赵对生活质量的追求、对事业目标的渴望，无不来源于他作为一名职场精英内敛而霸气的人生态度。因此，当公司决定将这样一辆汽车作为奖品赠送给他时，小赵感到相当自豪和兴奋，而同事们也露出了惊叹和羡慕的眼神……
时事性软文	最近，记者走访了中国 ×× 网的高层获悉，在本月初该网站将举行用 10 万元奖励用户的活动。应该说，这样的活动在我国互联网络中较为少见，体现了在越来越成熟的互联网经济浪潮下，投资者和经营者眼光的发展……
段子类软文	什么样的女人才是幸福女人？ 上得了厅堂，下得了厨房； 杀得了木马，翻得了围墙； 开得起好车，买得起新房； 习惯用 ×× 手机拍照，喜欢用 ×× 品牌化妆。

以上这些文字，雅俗各异、层次不同，但实际上其本质都是软文，即将广告因素隐藏于文章之中，在不知不觉的情况下，让读者学习、接受、分享、推广其中的广告因素。这样的软文，在网络上长盛不衰，在微博上方兴未艾，而在微信平台上更是有着美好的未来。

软文的诞生，不仅因为营销需要，也因为其自身的优势：软文的精妙之处就在于其内容上的"软"——不露声色、收而不露。同时，也在于软文的自由、灵活和形式多变。而在微信上，这些优势同样可以轻松地得到保留、传承和发挥，并由此帮助营销团队或企业获得相应利润。

在创作微信软文时，应该注意：

1. 充分准备，做好基础工作

撰写软文和普通活动、广告、推广营销的过程有所不同，身为软文写作者，需要对所撰写软文的企业情况、行业情况、品牌特征、文化背景和消费者人群等基本信息，有一个透彻的了解，并以此定下基本的思路。否则，写出的软文将因为事前准备不充分，而难以和其他信息有足够的区分度，无法在微信平台上得到充分重视。

2. 确定思路很重要

在软文的写作和发布过程中，确定思路相当重要，不同的产品、不同的品牌定位或者不同的用户，都需要不同的创作思路。在不露痕迹赞美企业产品的前提下，或采用故事情节，或采用新闻报道，或利用八卦小段，或利用"眼球效应"的标题，或采取争议性论断……具备上述的开阔思路，将能形成软文创作者的"思维库"，并最终在微信平台上吸引更多企业广告主体和企业传播对象，获取更多利润点。

3. 微信软文创作技巧

软文并不是文学作品，不需要特别华丽优美，因为这样的文字有可能会过度分散读者注意力，导致产品和品牌因素被湮没。当然，过于平淡的文字，则令粉丝们连读下去的意愿也没有。

真正能够在微信平台上良好生存并广为传播的软文，必须具备以下几个特征。

首先，能够迅速吸引眼球，采取简练明确的标题，或者用疑问、惊叹的语气来表达标题，带给受众相当的冲击力度，否则，微信用户可能根本不会打开营销者发来的消息。

其次，语言应该充分反映出软文思路，并表现到位。例如，分享经验型的软文，应该具有推心置腹、和蔼可亲的语言特点；讲述故事型的软文，则应该前后起伏具有情节感染力等。

最重要的是，软文创作的文字中，不能有普通广告那种明显而外露的宣传性和鼓动性，不能让人一眼就看出是软文，而要有相当高的隐蔽性，能够把想要传递的信息和用户的需要紧密结合起来，这样，软文的内容才能打动人心而真正成功。

 Contacts

第八章

微营销

创造属于自己的营销价值

O2O：专属于微信时代的革新

自从 O2O 模式呈现在人们面前之后，中国互联网上的 O2O 模式网站如雨后春笋般出现，其中大众点评网的目前估值已经达到了 10 亿美元，而如美团网、58 团购、窝窝团、拉手网则以大众消费商品的团购为主，消费者在线上支付而到线下消费。当微信带着移动互联网的新鲜空气进入互联网产业链后，很快就有企业将技术革新和商业营销的目标放在微信创建的 O2O 平台上。在属于微信的 O2O 营销模式中，无论是经营理念、经营构建，还是提供产品和服务的方式，都会与传统的 O2O 有很大的不同。不过，更多的营销从业者觉得，O2O 的确是移动互联网能够帮助企业实现盈利的大方向，但 O2O 在某种程度上又相当"玄妙"，没有具体的例子可以追寻，也看不到多少实际的操作程序。

如果一种模式已经人尽皆知，那么其带来的利润空间也就相当有限了。怎样利用微信将移动互联网和线下的商务机会进行有机结合，从而让微信成为一种支付和交易的前台？

微信为企业营销团队们提供了利用 O2O 展开商业活动的无限可能，把握住这样的可能，意味着营销者的思路、理念和方法，都应有切实的转变与革新。

将"触手可及的"营销理念带入 O2O 中

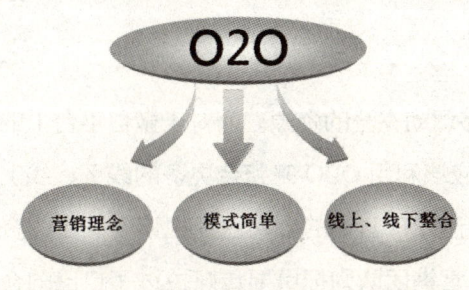

微信时代的 O2O 模式

O2O 其实并不遥远,以曾经火热但现在已经在走下坡路的团购网站为例:最初,团购模式是利用营销创意,将一些线下的小店放在互联网平台上进行集中推广,利用潜在消费者对互联网的依赖,每天触发其新鲜感,从而引起其购买欲望。但这种理念很快变成所谓"低价促销、企业和网站分成"的特色,事实上,"触手可及"的营销,才是 O2O 真正的核心价值。

想要利用好 O2O,就要学会将营销通过移动互联网终端(微信),送到每位消费者的身边,而不是盲目等待他们主动来寻求销售信息。因此,使用 O2O 是否能成功,也就要看商业团队所开发的营销模式,能否真正为潜在客户考虑,并得到他们的认可。

O2O 模式必须要简单

移动互联网本身在一定程度上就代表着极简主义,如果追求过多的渲染、过多的喧嚣,期待用"人海战术"和"信息轰炸"的传统方式来引发 O2O 商业模式的营销成功,企业将可能走上缘木求鱼的不归路。事实上,即使印美图这样已经被事实证明成功的 O2O 项目,在其整个运营的过程中,也并没有花费多少资本和精力专门在线下、线上做推广,O2O 项目的特点在于,产品或者服务本身只要具备吸引客户消费的特色,就会成为其最佳的营销渠道。

另外,在打造 O2O 模式的产品或服务时,企业也要注意将其设计得更加简单明了、易于学习和掌握,过于复杂的操作或者较为烦琐的流程必须简化和更改,从而减少用户在参与时的陌生感。

充分整合线上、线下的资源

任何好的营销模式，都应该能够调动充分的资源。而对于微信平台上的 O2O 模式，则同样如此——企业更应该利用 O2O 来整合更多的线下、线上资源。例如，一家基于微信平台进行 O2O 营销的公司已经把诸多国企的资源抓到了手中，同样，另一些 O2O 营销团队则把重要传媒拉进了自己的合作伙伴队列。拥有更多的资源和伙伴，也就意味着营销团队能够得到更多建设和支撑整个 O2O 体系的基础。

折扣：挑起用户购买欲

优惠打折，是企业营销最常见的方法，在传统商业时代，用户很容易被优惠打折所打动，他们会因为一条简单的优惠信息，而放弃休息时间，赶往商场抢购。

提供有价值的折扣信息，挑起用户购买欲

在消费趋向越来越成熟的大方向下，企业想重回这样的黄金时期恐怕并不容易，将优惠信息发布得更为巧妙，体现更多的诚意，才是 O2O 营销中的重头戏。

如果媒体企业、互联网企业或者其他握有媒介资源的团队，能够利用微信平台，创办一个专门帮助企业向消费者展示优惠的平台，同样可以从这种新鲜的方式中获利。

在河南就曾举办了这样一次地产微展会，这是由东方今报社地产交易营销电子平台举办的，之所以叫作"微展会"，是因为这次展会属于国内的首创，能够摆脱既有的房产展的束缚。

在展会过程中，所有参与者只需要拿出手机，扫描展会的二维码，或者输入微信号码进行添加，就能第一时间知道相关信息。这些信息可以让所有有置业需要的潜在客户足不出户就能了解参展企业最新发布的优惠信息。

同时，为了让客户能够更快、更准确地对优惠信息进行关注和了解，这次"微展会"还设置了固定的客服人员。客服人员和客户通过语音、文字等多方面的互动，能够及时向企业反馈消费者的意见和需要，同时能够第一时间将大量的优惠信息发送给所有关注微信的客户。从这个角度来看，"微展会"这样的平台不再仅仅是商家推荐的窗口，它的营销努力，还能够让用户提出的建议尽快反馈给企业，并指导企业更好地了解市场的动向，进行必要的调整。

在这次展会中，共有上千名微信用户参与到对商家优惠信息的了解中，很多人对某些房产项目的优惠表现出相当大的兴趣，激发了他们购房的热情。这个成功的案例说明，伴随着微信时代的到来，即使像房地产这样的传统产业，也开始走上自身颠覆和革新之路，以便实现有效的突破和改变。

通过微信向用户及时发送优惠信息的优势，不仅体现在及时迅速上，还体现在其精准和可回复上，因此，除房地产业外，像餐饮、酒店、超市等服务性行业，也可以采取这样的方式来进行优惠信息的推广。

发布的优惠信息一定要真实而有力度

在传统营销模式中，一些优惠信息徒具其表，缺乏力度，很多以"代金券"、"消费券"等形式进行的优惠，需要消费者达到一定消费限度或者必须购买指定产品才能使用。然而，在微信 O2O 平台上，客户是通过网络渠道了解到企业营销团队所发布的优惠信息的，一旦他们发现这样的优惠信息不真实或者缺乏诚意，那么他们必然会选择用"脚"投票，取消对企业微信的关注，或者从此不再相信相关营销团队。

不能否认，一些客户专门瞄准那些优惠打折的产品或企业"下手"，但作为市场营销者，不能以此为理由而否认优惠信息真实而有力度的必要，更不应忽视 O2O 模式的作用和价值。事实上，也有更多的客户，在体验了那些真实到位的优惠以后，成为某款产品或某家企业的忠实粉丝，把情感从线上带到了线下，这就更能说明优惠的必要性。

向不同用户推荐不同优惠信息

目前,大多数企业都采用统一方法、统一格式来向所有用户推荐其优惠信息,这导致每个粉丝接收到的优惠信息都千篇一律,毫无动心的因素,更不能体现对他们个性上的尊重。

对此,企业完全可以结合具体的用户分类,向他们发送不同的优惠信息。例如一家家具专卖店,面向单身用户、新婚用户、二次置业用户和中老年用户发出的优惠信息,明显应该有不同的语气、不同的角度、不同的内容,如果像一些企业现在还坚持的营销手段——群发短信,不分客户背景、性别、年龄而统一进行,那么微信的优惠信息也会像这些已经被视为垃圾信息的短信一样,被客户一删了之。

找到一个好的营销团队和平台

如果企业营销者目前没有打算长期运用微信号进行优惠信息发送,那么可以考虑,利用外包团队和平台进行的 O2O 商业促销模式。这样的模式灵活多变,更适合促销较少的企业和产品。当然,在具体的挑选上,企业应该注重选择那些媒体资源较多(或者自身就是媒体)、从业人员多、从业时间长、同行进入少、企业客户多的团队和平台,通过付费合作或者提成合作的方式,借用他们的力量,来实现企业自身的 O2O 促销起步之路。

微信 O2O 模式方兴未艾,在全国各大城市也只能算起步不久,而在中小城市则属于更加新鲜的事物。然而,"善攻者,谋于九天之上",对市场的发现和占领,必须是在提前的时空中进行的,睿智和精明的市场营销人,不妨此时就开始规划属于你们的微信 O2O 模式,为明日的成功打下厚实的基础。

分享：让朋友圈传递更多价值

"朋友圈"功能，并不是微信最先发明的，事实上，很多社交网站或软件中，都有这种分享功能，从而为分享式的口碑营销创造了较好的条件。

朋友圈能做什么？

由于微信这一软件操作简单，同时能够快速、高效地和他人分享信息，因此，微信用户完全可以将自己手机、电脑和网站中的精彩内容，迅速地分享、传播到朋友圈中。更重要的是，微信朋友圈不仅支持图片的分享，也支持以网页链接的方式来接收信息。

当然，曾经喧闹一时的微信朋友圈，由于某些营销网站"杀鸡取卵"的做法，让腾讯高层被迫出手，关闭了相当重要的强制分享功能。但这并不意味着企业营销团队无法在朋友圈内进行分享，事实上，拍摄的图片、精彩的文章和优美的音频一样可以分享。

某餐饮企业在其大堂的每张餐桌上张贴广告，广告上不仅有这家餐饮企业的官方微信二维码和微信号，还宣布凡是能将该企业的一道菜品以图片形式分享给五位本地朋友者，可以凭本人微信号在结账时享受八折优惠。一时间，很多客户都掏出手机，将图片分享给自己的朋友，并以此享受八折优惠。

不久，这家餐饮企业就在这个不大的城市掀起了小小波澜；这座城市中心区域几乎每个人的手机中都有了该餐厅的菜品图片，随着这样的舆论传播，很快，有更多的人通过微信朋友圈讨论起这家餐饮企业来。最终，这家餐饮企业获得了比原先更高的客户关注度，也迅速提高了销售量。

鼓励用户在朋友圈内分享，不能依靠企业的一厢情愿，也不能依靠企业购买的营销团队服务，只能凭借企业的相关营销政策，让用户主动拿起手机，"帮助"企业传播营销的信息。

将优惠和分享结合

如果没有实际利益，客户主动拿起手机通过微信来分享企业产品的可能性几乎为零，毕竟市场上提供了太多让客户感兴趣的产品，而他们不可能对每件产品都推销。然而，如果企业能够将优惠和分享充分结合，以分享次数的多少、分享程度的深浅和分享范围的广泛与否，作为客户享受优惠的凭据，将能更好地让企业得到营销阵线的"同盟军"。

怎样让客户对优惠产生兴趣，并愿意将这样的兴趣转变成分享的冲动呢？

如何设置优惠活动

让用户对优惠产生兴趣	
方法	举例
让优惠看得见	优惠必须要让客户马上看到或享受到，那些"下次消费即可使用"的优惠，难以让客户积极完成分享。
列出获得优惠的客户	企业应该列举出部分已经获得优惠的客户，而不是看不见摸不着的"幸运客户"。例如，企业可以在征求客户同意的情况下，将已经通过分享而获得优惠的客户微信号进行公示，并列举他们所获得的优惠。
刺激客户分享的奖励	一些奖励办法也可以有效刺激客户的分享行为，如第一个分享出去的免单，或者总分享次数最多的升级为VIP等。

为分享限制时间

当然，并不是所有的分享行为都能像餐厅那样即时完成，因此，企业营销团队不妨通过活动的形式，为客户的分享行为限制一定的时间。这样，客户将会始终带有良好的目标感来进行消费，并能够将分享行为放进自己的行事日程中。

限制时间的方法多种多样，活动本身的终点是其中一种，而"分享满××人"即截止的方法也值得推荐，另外，宣称随时终止分享换来的优惠，同样会让客户产生紧迫感和竞争感。

指定分享目标完成营销

如果企业认为客户的分享目标不够明确，还可以进行具体的引导。例如，可以指定客户将相关内容转发或分享给"家长目标"以便推销针对儿童的产品，同时采用有效的方法，回访客户是否完成了任务。企业还可以采取进阶制度的挑战模式，将客户的分享行为设定为不同的目标，如人数目标、范围目标和速度目标等，在完成不同目标之后，客户将上升到不同等级，从而得到更多优惠。

细化：营销可以变得更简单

微信营销是否只适合于大城市和大企业？在刚刚接触微信营销时，可能很多人都有类似的想法，然而，事实并非如此。微信营销可以利用其公众平台的功能，将营销变得更加细化和直接。这种细化和直接的特点，决定了其不同的适应层次——不仅适合大城市，同样也适合小地区；不仅适合客户群众多的大企业，也适合目标明确客户人数集中的小企业。

例如，艺龙旅行网虽然在旅行类网站中名声不错，但其整体实力在微信营销平台上的企业排名中并不算太靠前。但就是这样一家网站，由于正确地利用了微信公众平台，在短时间内居然积累了几十万微信粉丝，从而获得回报，使营销变得如此简单。

那么，艺龙旅行网是怎样利用微信公众平台来做营销的呢？

准确定位微信公众号

微信的内容定位必须准确，同样，在对外宣传时，企业的微信公众号定位也应该准确设定。这是因为微信内容的形成和表达，实际上也建立在是否能满足用户需求的基础上，这些需求包括生活休闲娱乐、购买和服务等。只有明确了自己能够满足用户哪方面的需要，微信公众平台资源才能够被营销者准确使用，同时对外塑造准确、坚实的形象。

艺龙旅行网无论在内容上还是宣传上，都做到了准确的自我定位。在内容上，它的微信公众账号不仅推荐过四五十篇各地旅游攻略，可贵的是还将这样的攻略做成往期回顾，使之形成一个便于用户随时按照关键字查询的资料库。而在宣传上，艺龙旅行网明确提出以打造消费者旅行顾问的微信号为目的，直截了当地让客户挖掘自己的需要。

实际上，其他企业也可以参考艺龙旅行网的经验，从内容和宣传两方面让营销变得更加细化和直接。

企业微信公众号的营销手段举例		
公众号	微信号	营销手段
名车志 Daily	CAD-Daily	以推荐汽车行业的各种信息为特色，看到微信名称就能吸引那些爱车一族。
中公教育	lnoffcn	凡是了解点公务员考试的人都会知道这个微信公众号。
微信会员卡	qqicard	对那些不知道怎样获得商家会员卡的人士充满了吸引力。他们可以通过关注这个微信，找到所在城市里利用微信平台发放会员卡的企业。
NBA	nba_big	几乎所有人都应该知道这个微信号是针对哪个人群开放的。

在这些成功的微信公众号背后，都有着精准的设计和营销方向，能够极大缩短人们用来寻找微信号的时间，而其中，给微信取一个好名字又是定位的利器。

尽快完成微信的认证

艺龙旅行网的微信之所以能够被如此广泛地添加，原因之一是它获得了微信平台的加 V 认证。实际上，认证公众微信的门槛并不高，只要企业的微信公众平台有 500 名订阅客户，再绑定企业的认证微博就可以了。

在认证完成之后，其他客户可以通过模糊汉字搜索来找到你的公众号，而艺龙旅行网也正是利用这样的方法，在短期内完成了微信粉丝的"原始积累"，并通过连锁效应不断递增。当然，如果短期内企业的微信无法获得认证，则应该选择一个容易记住的微信 ID，或者将关联的 QQ 号码数字限定在 7 位之内，起码这样容易让客户记住你。

利用自定义回复

微信公众平台允许用户进行自定义回复接口的搭建，而这种自定义回复的接口可以操作的范围相当大。例如，在艺龙旅行网的微信公众号中，内置了不少对话服务，如果用户想查找"攻略"，只要输入这个词，就能够进到预先设定好的旅游攻略库，而输入"天气"、"列车"、"景点"等也能够得到相应的资料。这对于用户的体验来说是一种极大的满足，而对于用户各种不同要求来说，公众平台让这一切变得更加简单、直接和精确。

开放：小米创纪录的秘密

尽管在 2012 年，北京小米科技有限责任公司利用微博平台进行的营销获得了巨大的成功，但后来小米公司也开始将营销重点逐步调整到微信平台上来。据称，小米公司在微信公众平台上开展活动仅仅两天后，粉丝们发来的互动信息就超过了 270 万条，成功创造了微信公众账号平台的最新纪录。这也从侧面说明，微信正在成为企业看好的新的营销平台。

企业如何更好地利用微信开放平台营销？

以小米公司为代表，更多的公司开始在其微博首页公示其微信公众账号和二维码。因为在微信平台上，粉丝的身份能够得到更加准确的体现，并能够对企业进行的营销做出更加全面的反馈。

1. 官方微信号和小号巧妙结合

不少企业在进行微信公众平台的营销时，已经充分开发了其小号的能量，即将其签名设定成为产品介绍、优惠宣传等广告形式，然后通过寻找附近的人等方式进行炒作。

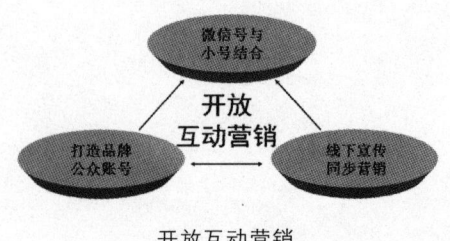

开放互动营销

然而，如果仅仅利用小号来参与营销，微信作为一种新型的营销方式和平台，其力量显然没有得到足够的开发和利用。事实上，企业不妨尝试将官方微信号和小号结合利用，从而充分打造自身品牌，建立对客户关系的维持网络。

例如，在企业注册公众账号后，及时利用现有客户资源，让粉丝迅速上升到500人以上，这样，就可以通过申请认证的方法，获得加V的官方微信号。这对于企业的品牌建设和宣传，具有无可替代的重要作用，也更加方便企业推送消息，并获得消费者的反馈。更重要的是，还能够借此打造一个免费的群体互动平台。而在这个过程中，企业也不应该忽视对原先小号的利用，因为小号可以通过原有的手段，向更多的微信使用者推送大号发布的有吸引力的内容，并以此对新的粉丝做出积极引导，让他们进入官方大号的平台，形成更强的微信客户资源。

2. 打造品牌公众账号

在企业申请了公众账号之后，为了便于用户识别，应该及时设置公众账号的头像。一般来说，公众账号头像可以更换为企业LOGO或者卡通形象，其大小应该确保不变形同时可以清楚辨认。

另外，在企业微信用户信息中，应该准确而详细地填写企业的相关业务介绍。在设置回复的过程中，微信平台上提供的功能有自动回复、用户消息回复、自定义回复三种，企业应该根据自身的实际需要进行添加。同时，企业还应该事先对每天向客户群发的信息，做出详细、准确的日程表，并在内部协调好，按照日程表准备好相应的文字和图片素材。

通过类似这些人性化的管理和服务，企业公众账号将受到越来越多客户的关注和欢迎。并能够触发客户进一步分享他们的消费和使用体验，从而引发客户群体中的口碑效应。这样，互动营销的道路得以形成，这对于进一步提升企业的品牌知名度和美誉度有非常重要的作用。

3. 线下结合微信公众号宣传，进行同步营销

即使企业只是通过微信公众号进行自我宣传，而没有开展O2O的营销

模式，也不应该忽视与线下销售的结合。在线下，企业的相关销售门店，同样能够充分发挥微信公众平台的作用，并体现其蕴含的优势。

例如，在产品说明书上印上企业官方微信号的二维码，并鼓励到店消费或只是看一看的客户用手机扫描成为该微信号的粉丝。这样，既能够吸引那些对产品有强烈兴趣的粉丝，也能够积累实际的消费群体，对企业后期在公众微信号上的宣传能够起到重要的铺垫作用。

因此，企业门店中消费者能接触到的宣传和推广材料，实际上都可以标注上二维码，当然，如果独立制作海报、宣传架、传单等材料也能够起到良好的宣传作用。

微信公众平台的营销道路是广泛的，除此之外，还可以利用"签到打折"、"分享关注品牌进入个人资料"等方法开发不同的途径，让公众平台的价值变得更高。这就需要企业营销团队充分设想和挖掘，从而找到与众不同的创意，形成最佳的营销方案，不断提升业绩。

影响力：扩大在社交圈地位

微信营销应该被看做是一种商业活动，通过突出活动中的社交属性，满足潜在客户的社交需要，从而充分扩大商家在社交圈中的影响力。

微信改变传统营销模式

在传统的商业模式里，不同行业的潜在客户可能因为彼此有共同语言或者相似的生活经历走进同一个社交圈中，但作为营销者，却不容易因为产品而被拉进这个社交圈。但是，微信将这种现状改变了，在微信平台上组织的商业活动，能够让企业的营销人员和客户成为真正意义上的朋友，并以这种社交力对客户做出消费方向上的影响。

某淘宝运动服装店铺在"双十二"成功推行了一次微信营销活动。该店铺原先有自己的官方微信号，但并没有多少粉丝，于是，它聘请专业的营销策划团队进行了设计。该营销团队通过和其他微信大号联系并洽谈，挑选了和体育运动相关的 10 个大号（即影响力较大的微信公众平台草根号），这 10 个微信号和该店铺销售的产品联系最为紧密，付给必要的成本后，营销活动在 10 个大号上开始进行——这些大号运用其已有的社交圈子，向其粉丝推出运动用品免费送的活动，并进行了相应的图文专题发送。当这些粉丝被免费赠送的图文信息吸引之后，可以通过点击收到的链接，直接跳转到该淘宝店铺的 WAP 购买页面。

由于这 10 个专业大号在社交圈发挥了影响力，"双十二"当天，这家体育用品店铺的促销信息总共覆盖了上百万位微信用户，点击量超过 5 万次，实现购买超过 1000 单，远远超过同期该店铺的营销业绩。

可见，创办商业社交活动是实现微信社交圈营销的重要因素。

1. 尽量先利用企业自身的微信号

如果企业自身有微信号，并且平时注重维护拥有较多好友，那么开展社交圈营销就更加简单。这是因为企业在日常维护微信的过程中，已经将潜在客户发展成具有一定信任度、好感和关注度的社交圈好友。于是，原本企业和潜在客户的关系，升华为基于社交圈内的朋友关系。而这样的朋友关系，显然可以促进和提升企业在商业活动中的影响力。

2. 利用微信草根大号的人脉圈

草根大号作为一种必然的现象，既出现在微博中，也将在今后微信的发展中承担重要角色。在微博和微信中，草根大号分别扮演着媒体发布者和社交中心的角色。

应该注意的是，很多微信草根大号来自微博草根大号，因此，微信天然具有进行网络社交活动的空间。营销人甚至还可以看到，微博应该发挥却又被媒体功能掩盖的社交功能，正在被微信瓜分和转移，这种瓜分和转移体现在微信草根大号的活动上，就是这少数的微信大号吸引着大量的普通微信用户。

例如，在体育相关的微信大号社交圈中，每个大号有几万甚至十几万好友，如此多的好友是普通微信所达不到的，更值得注意的是，这些好友里不可能像微博那样存在单纯刷数量的"僵尸粉"（即只注册从不登录的用户）。因此，企业在组织营销活动时利用好相关的微信草根大号，将能够起到提升社交影响和效果的作用。

3. 社交活动的"互动感"很重要

既然是以社交为特征的商业推广活动，就一定要打破传统商业推广活动中只能听到营销方声音而无视客户意见的怪圈,同时避开那种提供不出个性化选择的单方传播形式。利用好微信的即时沟通功能,加强客户和企业之间的互动,这一点非常重要。

例如,在商业社交活动中,企业以推荐的语气有方向、有目的地将同类产品中的不同型号、不同款式推荐给不同的潜在客户,比起统一发放单一的产品图案或介绍给所有客户,更有社交活动的感觉。

再如,在商业社交活动中,营销团队可以先通过微信组织客户给出选择意向,然后进行统计和分析,如此,既可以展现这种社交活动注重客户意见的特点,又体现出微信作为社交平台的价值和意义。

商业社交活动,代表着微信时代商业活动的发展趋向和最终目标,将商业活动融入社交互动之中,隐藏商业目的,制造良好的社交氛围,才能让你的产品和品牌赢得消费者的好感。

促销：吸引更多关注的目光

在某大学校园内，一夜之间公示板上出现了不少醒目的海报，这些海报绘制精美、图案动感，明确地告诉观看者，只要现在关注××运动饮料的官方微信，就能以1元价格购买原价3元的饮料。这些海报吸引了来来往往的学生，他们纷纷掏出手机登录微信，并将其官方微信加为好友。然后，他们带着手机直奔贴出海报的超市，5瓶、10瓶甚至整箱整箱地购买起饮料来。

比起传统的促销活动，使用微信进行促销，企业不需要再聘用和派出员工，连经销商也除海报之外不需要再做更多的举措，但带来的影响确是常规促销活动不能相比的。

促销是商业活动永恒不变的主题

通过促销，不仅可以有效减少库存、拉动业绩，还能够帮助企业不断增强产品和品牌的号召力，既能够维护老客户的关系，又能够获取新客户。

通过微信进行促销活动，能够更好地让多媒体和实体店铺相互配合和互动，并获取微信带来的便利和回报。在这样的过程中，传统促销活动花费时间多、精力多、周期长的缺陷被极大改善，利用几乎免费的网络资源，极大地提升了促销效率，扩大了促销影响。

例如，常规促销活动如有奖购买、街头推荐、文娱活动等，已经无法让消费者产生兴趣，而添加微信号这种由消费者主导的方式，反而能让消费者感到自己握有主动权，并产生积极的动力。再如，在传统促销活动中，时间限制、场地限制、人员成本、布置准备，都是企业营销团队不得不考虑的问题，但通过微信的促销，整个推广过程几乎都基于网络实现，并不需要太多的资源投入。

当然，目前利用微信做的促销活动，也存在一些问题，比如在上述案例中，有人进行了这样的实验：首先用自己的微信关注了这个企业的微信账号，然后用1元的价格购买了一瓶饮料；接着，消费者取消了对这个微信账号的关注，然后又重新加其为好友，去重复咨询和购买，结果依然成功购买了一瓶。如果出现大量这样的客户，微信促销的意义和效果将会大打折扣。

利用多媒体进行促销配合

微信的特点在于点到点的精确沟通，相对于一对多传播的微博或网站，微信促销容易出现受众面较窄的问题。如果不能在促销活动之前提出必要的方案，解决受众面较窄问题，就无法提升厂家的品牌号召力，也不能增加产品的销量，甚至连推广企业微信公众账号的目的都无法达到。

通过在学校张贴海报的方式，的确能够在小范围内引起小部分潜在用户的关注，但并不利于大范围的推广。因此，在吸收案例中成功经验的同时，企业还应该将自身定位提高，将促销活动定位得更长远，利用其他媒体来给微信促销活动造势、引导。例如，可以在店铺内发放促销宣传单，在上面写明微信订阅方法；在平面媒体上登载广告时，也同样写上微信账号；在企业所有参加促销活动的产品上印上微信号和二维码等。

其他媒体同微信传播的共同协调，将使企业的微信促销活动做得更加长远。

用插件技术防止促销活动偏离主题

目前，很多利用微信进行的促销活动，都会面临如前所述的那种问题——用户可以反复关注、取消，以满足个人利益。虽然营销方没有必要因为少数人的行为而远离微信营销，但这种由于技术缺陷而带来的风险确实存在。

对此，企业可以通过后台客户管理系统的升级，丰富技术手段，对同一个微信号是否进行反复操作进行有效甄别，防止出现利用促销活动获利并影响促销效果的现象。另外，提升微信促销活动的技术含量，也有助于体现促销的公平性，有助于提升企业的公众形象，同时降低促销活动所付出的产品成本，使得整个促销活动有序、公平、效果明显。

促销活动应配合持续互动

微信促销活动最大的问题在于其"短期性"，例如，不少微信促销活动开始以后，虽然用户带着好奇的心情加企业为好友，却发现除了系统自动发来的那条问好讯息外，企业根本就没同自己进行过任何互动。试问，这样的促销活动同街头一次性的促销又有什么区别？事实上，当促销活动结束之后，企业和客户之间的微信沟通才刚刚开始，利用微信进行的客户满意度调查、客户意见搜集等，可以延续整个促销活动的影响，并为日后定期向客户发送宣传资料等提供了坚实的基础。这样，促销活动的影响将会被持续的互动放大，提高客户依赖度，符合促销的根本目的和厂家的长远利益。

微信促销的一次成功并不难，其难度在于如何利用一次微信促销开展企业同用户之间的长期互动和沟通，将促销变成微信功能支持的长期活动，这样，客户会感觉自己在这种崭新的促销中获得了更多收益。

 **竞赛：满足顾客的虚荣心**

每个人都有虚荣心。利用竞赛活动提升消费者对企业关注的积极性，就是利用客户好胜、虚荣和竞争的心理，通过激发他们展示自身的聪明才智来赢取相应的奖励，从而达到企业营销的目的。

什么样的竞赛活动更有吸引力？

为了让竞赛真正激发客户的兴趣，企业一般通过设置较高的奖品或者依赖现场的精彩互动推动气氛，从而勾起客户的购买欲望。当然，如果竞赛活动不以购物作为参赛的必要条件，则可以用参赛的众多人数来营造出热烈的声势和气氛，并通过竞赛内容的设定、奖品的展示或竞赛名称的宣传等，使客户更加熟悉企业的品牌，甚至吸引大众的传播媒介来对竞赛本身进行推广和报道，从而提升企业和产品的知名度，达到宣传的目的。

艺龙旅行网曾开发了一款自定义回复插件，将客户答题赢取奖品的模式引入到微信之中。这种模式采取了客户答题闯关后获得奖品的方法，每天向答题正确的微信好友发放几份奖品，并根据最终积分从高到低排序，送出丰厚大礼，如下图。

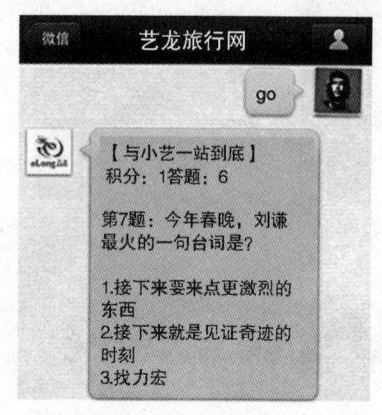

微信与小艺一战到底，赢价值4000元的旅行装备
关注小艺微信，回复"go"开始

艺龙旅行网微信界面

该竞赛活动在微信公众平台推出后，每天参与互动答题的高达50万~60万人，同时，艺龙旅行网的微信订阅用户也随之增加了数万人。当然，基于微信平台进行的竞赛活动，其资金投入比传统竞赛活动或微博竞赛活动少得多。可以说，艺龙旅行网的这次活动是相当成功的。

由此可见，竞赛活动＋微信的组合，的确具备相当的优势。首先，竞赛的商业目的没有各类广告那么明显，更没有广告那样过度泛滥，因而能够引起微信好友的兴趣；其次，微信平台上的竞赛活动更容易形成规模化效应，即使日访问量上几十万，企业也完全不需要担心活动是否能正常进行，企业营销团队所需要做的只是准备好奖品，设定好竞赛规则，进行充分的宣传，并在竞赛活动之后按照规则来宣布获奖者和发放奖品。另外，这种线上的竞赛活动，成本是固定的，其开支都能够计算出来而因中途很少发生改变。

当然，微信竞赛营销活动也需要做好某些方面的准备，例如通过技术手段防止作弊，企业团队、营销团队、微信平台管理者绝对不参与竞赛以免损害公平性，发放给获胜者的奖品质量应该得到足够的保证，并按照法律规定其价值最高不超过5000元等。

除此以外，还应该注意以下问题。

1. 控制获奖人数，增加吸引力

传统竞赛营销的经验表明，如果获奖者过多或过少，即使不发生客户投诉问题，也会让客户感觉大打折扣，甚至认为比赛掺水或有失公平。同样，在微信平台上进行的竞赛类营销，也应该控制好获奖者的人数、拉开奖品之间的层次等，以保证竞赛具有足够的吸引力。

2. 及时公布答案，保持公开性

在微信平台的竞赛活动结束之后，营销团队应该在第一时间将竞赛的答案和结果明确公示，并在更多的传媒平台上进行传播，这种行为实际上是对竞赛活动的继续发掘，能够起到很好的广告宣传的作用。

3. 竞赛与产品结合，提高知名度

由于目前微信平台的特点，现有的竞赛活动主要通过对文字题目的回答或对视频、图片的辨认、组合、挑选等形式进行，这种活动特点，为企业表现、传播、加深其产品和品牌在客户群体中的印象带来了充分的空间。企业应该抓住微信竞赛活动直观、迅速、便捷、可重复性强、可持续性强等特点，将竞赛题目及答案的内容同产品本身进行良好结合，从而保证一举两得——既完成了竞赛活动提高了知名度，又加深了潜在消费者对企业产品的认识。

竞赛活动，由于有了微信平台的出现和推广，而能够为更多企业所熟悉和使用，为更多营销团队创造良好的业绩。认识和了解到这一点，将可以为你的微信营销方案增添更多色彩。

联盟:线上线下活动共同推进

微信平台即使功能再丰富、能力再强大,毕竟属于线上的产品,而企业营销则不可能仅仅限于线上进行。因此,企业的营销团队必须意识到,线上开展的营销活动,同时还应该结合线下的实体活动共同推进,从而让线上和线下的营销活动联手为企业的潜在客户带来更多的引导,同时也为企业创造更好的业绩更多的利润。

除此之外,营销方还需要考虑到企业在公众账号平台上的活动范围和权限——目前,微信公众账号平台不允许用户使用手机进行登录,这样,公众账号的营销就无法通过"摇一摇"、"漂流瓶"、"语音交谈"和连续发送信息(公众账号每天只允许群发一条信息)来实现,更多的营销活动则可以通过公众账号转移到线下。

线上线下结合带来更多利润

北京地区一个最高效的第三方创业投资平台——创业影院,以每周不定时召开线下的创业投资和融资需要对接会而闻名。该企业每周的活动,都邀请如TMT、移动互联网、IT、银行、风投基金等行业的高管来和创业团队进行面对面的交流。显而易见,这类活动的参与者绝大多数都是智能手机的使用者,他们对微信的使用相当频繁,因此,该企业在每周的线下活动中都要求客户用微信进行签到，而凡是签到者都能获得一份精美的小礼品。

实际上，在微信签到的同时，所有与会者也就成为了这家企业微信的好友。无疑，通过这样的线下形式，小礼品给与会者带来了良好的感受，微信签到则让与会者和企业在未来接触的可能性增加。对企业来说，微信即使没有起到主要推广平台的作用，也扮演了一个联络客户、发展客户之间感情并构成良好人脉的重要角色。

营销团队在看待微信时，应该开拓更广泛的视角，而不应当局限于其线上的功能，如上述这种利用微信为串联工具进行线下营销的例子，实际上在目前的微信营销中已经层出不穷。

线下活动本身应该打造得更加吸引人

对营销团队来说，组织线下活动的能力是其业务的"基本功"，即使我们走过了微博营销的时代，走进微信营销的时代，对此也应该具有清醒的认识。尤其是那些提供具体产品或服务的企业，更应该通过有趣而吸引人的线下活动，来让你的微信营销更加容易地推广和进行。

一般来说，企业营销团队组织的线下活动应该具备以下特点。

线下营销活动的特点	
特点	描述
时效性	活动的时间长度需要有保证，过短的活动时间，将无法带给参与者足够的感受，也就不能产生预期的营销力，一般来说，线下活动起码要保证有2～4小时；活动的频率则需要根据产品更新速度、企业营销需要、品牌成长速度和客户个人的工作和时间安排等进行适当的安排。而对于已经在微信平台上建立了一定影响力的企业来说，通常每月一两次的线下活动可以保证基本的需要。

续表

线下营销活动的特点	
特点	描述
主题性	线下活动并不是企业盲目邀请一些微信中的好友坐在一起喝茶聊天。具备丰富经验的营销团队应该能够结合不同的节日、不同的时间段，选择不同的微信好友，并结合上述因素，设置不同的主题来进行线下活动。例如一家巧克力食品企业，可以在春节时邀请"30+"的为人父母的客户，来参加关于儿童健康食品的主题活动；在情人节邀请大学生客户参加爱情浪漫和巧克力为主题的活动；在重阳节邀请老年客户参加夕阳红和黑巧克力为主题的活动等。如果每家企业都能够将其微信线下活动按主题分类，营销人员将会发现微信同活动的整合性将会体现得更加充分。
实用性	不少微信线下活动最大的问题是缺乏实用性，起初用户们或许会因为活动的趣味性来参加，但数次活动后，他们会发现参加这些活动并没有多少实际意义。例如，一家影院曾经多次举办线下活动，消费者通过微信报名然后参加活动就有机会获得打折观影卡，但活动举行一段时间后，消费者们发现，在当地团购网站上仅仅需要几十元就能购买到同样的打折卡，于是，这样的线下活动很快失去了吸引力。对于消费者来说，他们不仅希望得到线下互动的乐趣性，还希望自己因为"微信——线下——收获"这样的链条，得到那些没有进入微信平台的用户所无法获得的实际利益。
持续性	一些企业的营销团队从线上到线下进行各式各样的营销，从QQ群、论坛、微博到微信，从门店营销到社区营销再到组织活动等，虽然眼光广泛是好事，但是营销人员的总体构成、营销能力和团队素质又无法保证在所有营销项目上都得到较高的收益，反而影响了每项营销的成绩。对微信线下活动来说，一些企业半年甚至一年进行一次微信营销，活动结束以后立刻人走茶凉，消费者再也无法通过微信对企业和产品有任何的了解，这样缺乏连续性的微信线下活动显然不具备多少竞争的优势。

关注线下活动中真实的人际关系

在企业营销过程中，由于借助了微信平台，营销人员必然关注线上的互动关系。例如，利用微信向对方推荐产品、利用微信察看客户反馈等，但这样的倾向也导致了另一种问题的出现，即线下活动完全变成微信活动的"仿制品"。

从一些微信平台的线下活动中可以发现，那些利用微信同企业联络较多、消费较多的客户，往往得到企业营销人员的青睐，而那些在微信平台上并不活跃甚至完全是新人的潜在客户，则无法在这样的活动中获取更多信息。实际上，这个问题在于营销团队将"微信"和"线下"两者结合过多，而没有关注线下活动中可以推进的真实的人际关系，并利用这样的人际关系反哺微信平台中和客户的互动。如果能够通过活动有效地分组，或者举行专门针对新微信好友的线下活动，往往可以解决这个问题，让线下形成的客户关系反过来推动微信中的客户关系。

提供渠道将线下和线上进行连接

线上的活动和线下的活动，原本并没有直接的联系，想要对其进行必要而充分的连结，可以通过微信营销团队对渠道的建设和维护来实现。例如前面案例中那种采取微信签到的方式，可以让每次线下活动都演变和转化成为微信平台上的聚会，甚至可以想象，在线下实体活动开始之前及现场聚会的空隙中，用户之间的微信互动也在同时进行，让整个活动线下和线上的边界更加模糊化。

另外，营销人员还能在具体的活动中，通过设置一些基于微信平台回答的问题、参与的游戏，给出"通关密语"等手段，引导参与者能够在活动结束以后，仍然经常关注企业的微信，并通过微信对这样的活动产生更好的回忆和感受，最终将企业的微信活动和线下活动当做一体看待，实现企业最终的营销目的。

第九章

微法则
让企业名声大震的十大路径设计

 **设计 1：发挥领袖魅力，引导 TA 消费**

互联网时代的最大特征，就是出现了"意见领袖"。甚至有人说，对于互联网用户来说，凡是能够持续表达观点、提供信息、陈述个人意见的人，都在某种程度上扮演着意见领袖。因此，微信营销必须要学会运用其中较大意见领袖的影响力，激发潜在客户的购买欲望。

被开拓的传统舆论空间

从当下的社会发展来看，互联网的影响，已经极大地开拓了传统的舆论空间，"意见领袖"们不再像过去那样作为个体出现，而是成批量地以"网络名人"、"草根达人"、"职业精英"等形象出现，在微信上各自显示其重要性。从这一点来看，"意见领袖"的出现，在相当程度上改变了过去由企业营销和媒体广告来引导消费主张和舆论的格局。

某科技公司设计研发了一套专门用于平板电脑文字输入的软件，这套软件用法简便，但缺点在于不容易掌握，同时，该企业最初的营销手段出现失误，竟完全将希望寄托在对软件排行榜的"打榜"上，结果消费者并没有对榜单"买账"。在这种情况下，该企业采用了营销专家的建议，转而从微信平台上意见领袖的方向进行营销。

很快，该企业联系到一位知名的网络作家，该作家早在数年前就成了中国网络文学玄幻作品的代表人物，创作了几百万字的作品，在网络上被无数读者和以他为偶像的文学爱好者奉为"大神"。其个人微信号的粉丝已经达到十几万人。作为意见领袖，该作家背后的粉丝群体正是这套输入法软件的主要用户，因此，企业决定从他的微信开展营销工作。

首先，企业通过互联网业内人士，辗转联系到该作家，并赠送了他一台已经安装好软件的平板电脑。接着，企业专门让工作人员来到作家的工作室，向他展示了随时随地可以利用平板电脑输入文字的优势和特点，并介绍了产品的功效。显然，身为以写字为事业的文化人，该作家对此产品的印象相当深刻，也饶有兴趣。于是，企业趁热打铁，和他谈好了合作条件。

不久后，一条看似平淡的微信从作家的公众号中发出："最近忙得要死！还好，用了朋友推荐的×××软件，现在，带着平板电脑也能到处码字了！亲，你要是想写字也可以试一试哦，对了，微信号是×××××，有下载链接。"

在这条微信发出后不久，这家企业惊喜地发现，该软件的下载量呈现井喷状态，短短一两天的下载量达到了过去的总和。而这样的营销业绩，充分体现了"意见领袖"在现代营销特别是微信营销中的价值和意义。

准确找到合适的意见领袖

营销人应该找准合适的意见领袖，而不是盲目地寻找那些看起来名气十足，但实际上在网络上不受欢迎的明星。同时，如果找的意见领袖同营销的产品特点并不合拍，也有可能造成误导，甚至影响品牌的形象。

一个在电视媒介上失败的案例值得参考——某网站曾经邀请一位女性影视明星为其城市生活信息类服务项目做广告，同时参演的还有一头作为道具的毛驴。但广告播出后，一些人对于女演员的参与很不理解，认为这位明星的特点和服务项目实在有点风马牛不相及，反而对毛驴很感兴趣。虽然这个广告的效应也不错，但邀请这样重量级的人物拍广告所花费的成本和让一头毛驴进广告的成本，自然是不可相提并论的。

因此，在微信营销中，营销者切勿盲目追风追星，根据明星的经历、年龄、公众形象、人物性格等，找到适合自身营销方向的，才是对"意见领袖"最准确的界定。

侧面寻找意见领袖

在互联网时代，意见领袖的思考和表达比传统时代快了许多，整个互联网都被他们的行动带入了"快速思考"状态。因此，实力雄厚的营销团队不一定只找一位意见领袖来合作，通过发掘产品的不同特点，寻找产品的不同消费群体代表，营销者可以找更多的意见领袖来对应不同的人群。

例如，如果产品是儿童食品，从影视童星到中年男女演员，再到老年学者专家等，都可以扮演产品的意见领袖，分别以实际用户、父母和爷爷奶奶等身份来对产品发表意见，进而产生促销作用。如果产品是汽车，那么，成功人士、保险销售专家或者企业高管等，也同样能从各自不同的角度，为产品起到实质性的"代言作用"。

意见领袖的表达必须真实和直接

意见领袖之所以能在互联网上形成较强的营销势力，其优势在于容易接近、真实和直接。可以设想，在电视上看见的产品，如果用户们不购买很难直接得到权威的意见作为参考，而利用微信与意见专家直接交流，则得到权威指导的可能性大大提高，同时让用户更有安全感。

因此，企业在利用意见领袖的表达进行营销时，应该注意真实性和直接性。例如，将产品在意见领袖面前做出具体演示，以其特点来打动对方；或者帮助意见领袖撰写直接、互动感强的文本来做微信宣传等。这样，意见领袖无中介、无媒介的特点，将得到充分的发挥，为企业的营销事业添砖加瓦。

# 设计 2：关注用户评论，发现新需求

随着网络技术的发达、新媒体的兴起，以微信为代表的移动互联网产业井喷开始，企业营销者面对的消费环境，正在发生日新月异的变化。传统的商业运作逻辑中，那种根据企业预测和市场研究再制定产品的思路正在被打破，消费者开始对整个商业的链条产生影响，一些用户希望能够影响产品的设计、生产制造和服务。

发现更多的市场需求

在这样的变化趋势下，无论企业营销中对客户的定位、对企业形象的设计，或是具体营销手段的利用、客户关系的管理和维护，都应该做出相应的改变，并利用别具一格的新手段，让企业更快成长。同样，在对意见领袖价值的运用上，营销人也应该结合用户对其意见的评论，发现更多的市场需求。

在传统商业营销的逻辑中，企业应该通过正规的市场调研机构，通过数据分析、经验导向和主观判断，在一个相当长的周期内进行产品的研发和设计，接着，通过批量和快速生产加上高库存水平，来按照不同区域和渠道将产品销售到消费者手中。然而，在这样的体系下，消费者无法真正影响整个产品的上游，不管是否接受，只能消费标准化的产品。因此，消费者越来越愿意通过不同渠道，来向企业表达自己的消费愿望，而其中通过对意见领袖发表言论的评论或回复，也同样能够成为企业重要的营销参考。

某城市最大的婚纱摄影连锁店为了提高营销效率，邀请了当地出身的某著

名主持人担任代言人，同时，也将这位主持人的微信号作为企业营销信息的发布阵地。每隔一段时间，该主持人都会登录微信，查看用户留言和评论，同时将其中有益的部分提交给企业营销团队，作为调整产品方向和营销手段的参考。

在这样的过程中，该企业营销团队尤其注意搜集具有建设性或能够进一步挖掘其需要的评论。例如，有的用户在对这位主持人的回复中提到，目前婚纱摄影的外景地太少，希望能大量开辟外省包括国外的线路，这样的要求很快被反馈到营销团队那里，而营销团队又将之提交给市场部门，很快，市场部开发了新的专项产品，并提供给了有这种需要的用户。

而作为意见领袖的主持人，不仅发挥了作为企业品牌推广和产品宣传的代言人的作用，同时也起到了收集客户意见从而为营销团队乃至企业提供市场反馈、提示开发重点的作用。如果企业不重视这样的作用，"意见领袖"的角色实际上等于没有得到有效的开发和利用，也无法进一步为产品研发指出更加明确的指导。

因此，企业营销团队不仅应该重视意见领袖，还应该充分发挥微信作为信息搜集、双方私密互动和媒体传播平台的作用，并利用意见领袖的微信来获取更多消费者的需求。

营销团队应和意见领袖有充分的沟通

营销团队不能存在这样的思想：一旦确定和意见领袖之间的合作关系，接下来对方的任何行为都应该自行负责并产生必然效果。实际上，意见领袖只是营销的参与者和合作者，而不是营销体系的构建者，如果团队不能积极主动地与之进行充分的沟通，即使对方发现对企业有利的客户需求和反馈，也可能因为种种原因不做沟通。

营销团队可以采取"专人看守"和"专项交流"的方法，即安排固定员工，经常性、定时性地阅读微信平台上意见领袖所接受的关于产品的回复。同时，再约定固定时间，采取固定方式，同意见领袖进行必要的沟通交流，从而获得更加翔实的第一手资料。

对客户的意见进行分类和筛选

在获得对产品看法或营销活动意见的反馈后，营销团队应该站在客观、中立的立场上，从客户的现实需要、消费心理及企业的整体经营状况等方面，分析客户意见，并进行及时分类和筛选。在这样的过程中，下面几种分类尤其值得注意。

首先是对产品技术特点、数据、型号、功能等的疑问。一般来说，提出这样疑问的都是较为"内行"的消费者，如果能通过之后的沟通让他们对产品产生信任感，这些客户很可能会带动更多消费力量，甚至成为新的意见领袖。

其次是对新产品或服务的期待。在这些期待中，那些笼统、盲目和过于脱离现实的期待可以被归为一类；而对于精确、仔细并代表了相当一部分消费者观点的期待，营销团队应该予以充分的重视。仔细分析客户体现的情绪和需要，进而分析通过怎样的行动和规划，可以满足客户的需要，并熟悉客户的心理逻辑，以便在今后的营销中进行开发。

及时同研发部门联系，做出有效决策

当然，企业是一个整体，仅仅依靠营销团队，产品不可能得到广泛欢迎，更难满足消费者越来越高的追求。因此，营销团队在了解客户最新的需求后，应该及时履行自身责任，将这种需求提交给企业的决策层和研发部门，并以具体的数字来向他们展现客户要求的代表性，从而保证整个企业在不同团队的协调和精诚合作下，做出有效决策，推动企业更好满足消费者的内心和现实需要。

营销团队不应该对消费者在回复意见领袖时表现出的情绪和要求熟视无睹，因为这种情绪和要求，无疑代表了更多企业和产品发展的方向与可能，能够为营销事业增添更多的活力。

# 设计 3：改变消费观念，渗透新思维

对"意见领袖"的运用，并不是营销中一定会立竿见影的策略。一方面，通过微信平台找到合适的"意见领袖"，进行营销信息的发布，的确可以使产品的关注量或销售量在短期内得到提升；但另一方面，总是采取这种急功近利的做法，并不一定有助于企业营销的长远发展。

互联网文化领域中的"意见领袖"

"意见领袖"在互联网文化领域中，除了意见传播者之外，多少也担任着时尚制造者的角色。由于意见领袖的长期坚持，加上时代的不断变化，他们通过微信等平台持续发表的意见，很可能会因为其高强渗透力，而逐渐改变很多互联网用户的消费观念。这种消费观念的改变，也会影响他们的实际消费理念，直接影响他们对产品的选择。

某个男士服装销售企业就利用了意见领袖无所不在的高强渗透力，对其潜在客户进行了广泛的影响。

首先，该企业高调宣布同某青年演员×××先生签约，聘请×××先生担任了该企业的代言人。紧接着，这家企业在获得对方同意后，把×××先生的微信号放在了自己的官方微信号第一号粉丝的宝座上。之后，在×××先生参加的一系列社会活动中，凡是能够自由着装的场合，都由该企

业的设计师结合现场环境和气氛，提前为他设计和搭配好服装，虽然服装上没有任何产品标识，也没有什么口号在活动中被提及，但这仍然对产品起到了应有的宣传作用。

另外，该企业没有忘记同这位青年演员网络上的"后援团"和"粉丝"们做互动，经过营销团队的运作，人数众多的粉丝们集体加了该企业的官方微信，并经常在各种活动中打出企业的LOGO或者该演员身穿产品的图片。

最终，原来并没有多少粉丝的该企业官方微信号，经过半年左右的"潜移默化"，最终被市场认可，被消费者熟知。在这个案例中，选择正确的"形象代言人"作为意见领袖，并围绕他周围的一切展开营销，是该企业微信营销成功的重要原因。

客户的消费观念或许已经形成，但企业营销人不应该忘记，他们的消费观念形成于营销和市场，也同样可以被营销和市场所改变，只要方法得当，新的消费观念一定可以在新的意见领袖的带动下得到培养和发展。

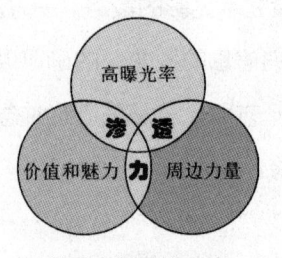

渗透力新思维方式

高强渗透力来源于意见领袖的高曝光率

在为企业和产品的营销挑选"意见领袖"时，除了要对意见领袖的公众形象、代言经历、自身职业和兴趣等方面进行考察之外，最重要的还在于研究其媒体曝光率的高低。

对于一些草根名人来说，其维持形象甚至推进事业的方法就是在媒体中的高曝光率。由于他们经常出现在包括微信在内的线上线下各种平台上，所以能给其粉丝带来相当程度的影响。因此，如果企业能从这些草根名人中挑选合适的意见领袖，效果也许会出乎意料。

注重从细节表现产品价值和魅力

意见领袖的表述固然能够引起舆论、媒体和粉丝的关注，对产品产生影响，但营销者也不可忽视其在微信之外的形象、行为、语言以及在使用产品过程中产品所表现出的魅力和价值。这是因为意见领袖们的高曝光属性，会让粉丝们的注意力不仅停留在微信上他如何"说"，更会关注生活中他如何"做"，只有尽可能地让产品渗透进他们生活中的点滴细节，才能通过这一过程逐渐让人们认识和接受产品的理念，最终形成独立的强大品牌。

不要忽视意见领袖的周边力量

意见领袖也要受到其面对的生活环境和舆论的影响，因此，营销者不仅要关注意见领袖本身，同时也要看到其周边力量的作用。尽量通过其一系列的周边利益和平台，如其供职的企业、参与的项目或者发行的唱片、摄制的影视节目等，对产品的宣传加以必要的辅助，这样也能够进一步提升产品的影响力，进而从中获得更多裨益。

 **设计 4：借力病毒营销，微信加互联**

病毒营销传播的当然并非真正的"病毒"，实际上，一家企业之所以选择这样的营销方式，其原因在于病毒营销能够让更多的用户发现企业带来的利益，让更多的用户在匆忙的选择和利益的权衡中找到自己真正的需要。

因此，病毒式营销需要由营销团队将产品的信息发给用户，然后依靠用户的自发宣传将信息传递到成百上千人那里。这就意味着，通过营销团队的努力，可以实现"让大家告诉大家"，通过最初的客户为你宣传，让客户成为"营销杠杆"，从而充分放大营销效果。

"微信+互联网"的病毒式营销

微信作为一种营销工具，其出现可谓适得其时，占尽先机。利用微信，企业营销团队可以很轻松地找到最初的客户，并让他们对产品或服务进行体验。同样利用微信，这些最初的客户在得到及时的鼓励之后，能将产品或服务的信息传递给身边其他人。

某城市的一家药品销售企业新开设了几家分店。该企业在每家分店门口的告示板上，都印刷上了自己的官方微信号。同时还进行着这样的优惠活动：凡是将自己在该药店购买药品时对服务的感受、对产品的评价或者其他内容写成文章，并通过该企业微信提供的网络接口，进入该城市的健康论坛发布者，即可因为对他人的爱心而在下次购药时享受七折优惠。

这样的告示贴出以后，加上该店良好的服务态度和过硬的产品质量，很快打动了不少消费者，他们陆续加企业微信为好友，并进入论坛发帖。通过这样的方式，更多潜在消费者了解到这家连锁药房，并给该企业带来了更多的利润。

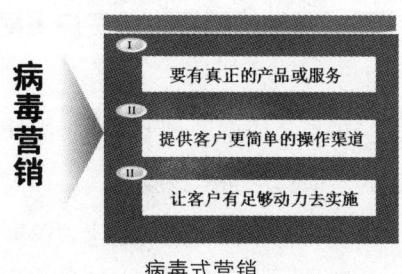

病毒式营销

这家药店的营销活动正是典型的"微信+互联网"的病毒式营销，通过设置合理、简便的渠道，让用户只需要付出"傻瓜式"的努力，就可以充分传递企业希望他们传递的信息，这样，营销的效率得到了极大提高。观察类似的案例，我们不难得出下列观点。

病毒式营销需要有真正的产品或服务保障

靠虚无缥缈的宣传，或者简单的奖励刺激，并不能在微信平台上给企业带来真正的病毒式营销。这是因为病毒式营销首先要有"病毒"存在，即良好的产品、优秀的服务，这是企业病毒不断自我复制的有效基础。

例如案例中那家药房，不仅有着整齐的货架、明净整洁的环境、丰富而正规的产品，同时也有服务态度良好的导购、专业知识过硬的药剂师及规章制度严格的工作纪律。正因为如此，客户不仅在进入店内时能够产生消费冲动，在离开店之后，还会产生向其他消费者推荐的冲动。在这样的关系中，有了产品和服务，才是决定性的基础，病毒式营销，最终比拼的还是产品或服务对消费者的吸引力。

病毒式营销应该提供给客户更简单的操作渠道

如果传播渠道过于复杂，即使客户原本有主动传播信息的意愿，也可能因为不得其法而迅速放弃。

在微信平台上进行病毒式营销当然较为容易，企业可以通过对客户的打动，激励他们去分享和推送消息。但企业营销团队不应该将范围只限制在这一个平台上，实际上，微信和其他途径的充分结合，可以让那些从微信上得到消费邀请的客户根据个人喜好选择其他信息扩散渠道。当然，对这些扩散的过程可以放手，但并不意味着对扩散的结果没有相应管理和反馈，营销者完全可以通过微信公众平台来控制、引导、了解和检查客户的信息扩散结果，并给出更多优惠予以奖励，或根据已有的扩散结果，进行必要的政策调整。

病毒式营销应该让客户有足够动力去实施

什么才是客户加入病毒式营销的真正动机呢？如果企业营销者认为，所谓病毒式营销就是用奖励或优惠政策来同客户做交易，换得他们同意扩散信息，那么这样的病毒式营销即使成功了，也并不一定能长久维持。其实，营销者完全可以将眼光放远一点，比如，像案例中那样，将"爱心奉献"等同于"扩散消息"，或者将"亲情分享"放在病毒式营销中，以及利用节日人们之间的相互祝福来加强客户扩散消息的动机，这些都能够让客户获得更加合理、自然和持久的动机。这样的动机由于发自内心，因此会更加有利于企业，也能让客户乐在其中。

设计5：利用即时互动，强化沟通力

虽然"口耳相传"的营销方式已经在人类商业历史上存在了几千年，但病毒式营销在传统营销体系中并没有成为发展和利用的重点，这其中的原因固然很复杂，但最重要的一点还在于"口耳相传"的速度过慢。

即时性和互动性强化沟通

然而，在互联网时代，这个问题显然已经得到解决。不少互联网企业、科技产品或者同年轻人结合紧密的产品，都通过这样的营销方法取得了良好的营销结果，并获得了准确定位与提升。在移动互联网时代，微信这样的工具能更好发挥其即时性和互动性，增强在病毒式营销中沟通的作用。

一家影院在进入华东某二线城市后，就采取了这种微信平台上的病毒式营销方法。该影院在其售出的电影票上标注了企业的微信号，同时还印刷上了对应的二维码。在客户将其官微加为好友后，可以上传自己对其他朋友的3通电话录音，以表明自己正在该电影院观看××电影，每场电影前10名完成任务的客户，可以马上获得一张电影院提供的会员卡，今后可以凭借会员卡享受打折服务和免费影讯服务。

显然，完成这样的任务不需要太多时间和精力，更重要的是，整个任务只需要用户手中的手机就可以完成。因此，不少观众在购买了影票之后，利用等待的时间，完成了上述任务。他们轻而易举地拨通朋友电话，并录下了通话，然后发送给影院的官方微信号。在电影结束后，根据他们的微信号，前10名观众分别拿到了会员卡。但对于企业来说，获得的成果更大：由于客户们争抢前10名的"机会"，因此，许多人都拨通了3个电话传递出信息，这样，一晚上有接近上千人接到了该影院的相关信息，而这个活动持续了一周。可以确定的是，该影院用微信进行的病毒式营销的影响力远远超越了传统媒体平台的类似营销。

该影院利用手机微信平台的简便快捷、实时互动，打开了用户病毒式营销传播的大门。当然，并非所有行业和企业的病毒式营销都适合这样的"短平快"，但该影院的营销模式及经验值得我们借鉴。

利用即时性和互动性的优势展开病毒营销

病毒式营销的特点，在于其即时性和互动性。虽然这并不意味着所有的病毒式营销都应该采取这样的方法，但无疑在这个生活节奏加快、消费节奏加快的时代中，这种方法有着良好优势。

即时，意味着客户从接收信息到完成传递再到强化动机的环节，不断加速、不断增快，这样，整个营销的效率就能提高。

互动，意味着客户不仅同企业能充分互动，也能凭借病毒式营销的过程，同朋友之间展开良好的沟通交流，从而通过这种互动增进客户之间的情感。

把握住上述原则，让自己的营销体现出这样的特点，企业的病毒式营销才能得到应有的效果。

根据微信的特点利用即时性和互动性

微信是一种基于移动互联网技术和手机平台的私密社交工具，同上述即时性和互动性的特点可以完美地融合。

首先，微信的语音通信功能不断提升，在新版本已经出现了即时通话功能，而未来还会有其他方面的提升。同时，微信是基于手机平台的软件，能够很轻松地实现两者的对接，并提供具体的支持，从而方便利用手机通话来促进即时性和互动性。

强调即时性和互动性的充分融合

即时性和互动性，本身也应该有充分的联系和融合。一方面，用户能够通过即时的特点得到更多互动；另一方面，即时性的交流和沟通，又能让互动变得更加方便而有趣。

当然，企业在同客户的交流中，也应该把握以上两点特性，如即时向客户做出奖励、即时同营销发展来的客户发展关系等，都能够保证企业形象获得进一步的提升，也能够让病毒式营销的发展后劲越来越足，链条越来越坚固。

# 设计 6：深挖特殊属性，树立新形象

在企业的病毒式营销中，需要的不仅仅是快速的复制和传播，同时也需要明确详细的传播内容、稳定巩固的传播渠道。因此，这决定了在病毒式营销中，其传播内容应该有充分的可见度和影响力，能够树立商家形象，营造购买氛围。在这一点上，微信能做出怎样的积极贡献呢？

微信的特殊属性

营销人员应该意识到，一方面，微信是一种私密的社交工具，但另一方面，如果客户愿意，微信也能变身为面向公众的信息传播平台。如果能利用好微信这一特殊属性，就能够从微信的功能中充分发掘其可见度和影响力。

某地一家面向成人的英语培训机构，在其病毒式营销过程中就充分注意了这点，该机构除了像普通的微信营销那样公布自己的微信号、二维码之外，还给学员以这样的优惠——如果在关注企业官方微信号以后，能及时将之显示在自己的个人名片上，到下学期报名时，就能够享受学费九折的优惠。而如果能在自己的微信号上发 10 篇以上学习经历及心得体会，就可以在下学期报名时享受八折优惠。

这样的优惠相当吸引学员，很快，绝大多数人都将企业官方微信号分享到自己的个人名片上，任何人只要加其学员为好友，赫然映入眼帘的都是其

名片中"××英语培训"的官方微信号，而不少学员为了获得八折的优惠也在不断努力，持续写出自己的学习经历。在这样的病毒式营销策略影响下，该机构很快迎来了自己的业绩高峰。

微信即时性和互动性强，这决定了其可见度和影响力具备"无边界传播"的特质，很适合病毒式营销。在这个过程中，企业应该想方设法开发用户微信中的所有功能，利用这些功能建立其可见度充分、影响力深远的企业形象。其中，需注意以下几个问题。

1. 可见度应抓住细节进行曝光

营销的效果在于可见度的高低，在于企业于市场中同类产品中曝光率的高低，相信这样的道理许多营销人员都很清楚。但问题是，具体到微信营销的操作上，不少营销者思路狭窄，他们除了将微信号和二维码贴在店面和产品上，就只剩下每过几天在微信上群发一条文字广告的方法了，这样的微信营销实际上和传统营销并没有多大差别。

利用好微信营销，就要抓住这个移动网络工具的细节，如除了文字群发、语音对话、视频发送、客户的微信功能中，从签名到名片、从自动回复到朋友圈分享等，都能够作为展示阵地，被企业采取不同方法迅速占领。只有像案例中的那家英语培训机构那样绞尽脑汁设想这些细节的开发方法并进行实际操作，才能让产品在更多人面前获取更多曝光机会。

2. 利用产品或业务自身的特点制造影响力

在病毒式营销的过程中，企业应该注意利用产品或业务自身的特点来制造影响力。经常能够看到，商家试图利用微信来传播自己的品牌美誉，提高企业的知名度，但往往不得其法，找不到具体的突破口。

与其盲目效仿其他企业，不如利用自身产品或服务的特点来制造影响力。例如案例中的那家英语培训机构，其服务的最大特点，就是能够让用户认识自身能力的结构,并通过在该机构的学习改变自己的能力结构。用户围绕这样的过程写出的实际感触,比单一宣传该机构的师资条件、荣誉奖项等,要更有影响力。

3. 可见度和影响力的根源在于企业

可见度和影响力的提高,决定性条件并不在微信平台上,而在于企业生产的产品质量或提供的服务质量。

微信是一种新型的移动互联网工具,但这种营销工具并不能代表营销本身,更不能取代企业的整体运作。营销人员既应该关注微信平台的病毒式信息交流分享的过程,同时也应该通过部门之间的紧密合作、对企业高层的有效影响,最终实现企业整体实力和水平的提高。随着产品和服务质量的发展,企业将能够从微信病毒式营销中获得更好的可见度和影响力,得到更高的业绩和利润。

设计 7：进行深度营销，发现新大陆

移动互联网技术将用户和企业进一步拉近，几乎整个市场上任何企业和个人，都能够通过移动互联网进行资源的分享、信息的交流和相关的探讨。

营销历史就是观念重写的历史

从生产观念、产品观念到推销观念和营销观念，再到社会观念和大市场营销观念的发展过程显示，供应者的主动性在这些营销过程中表现过多，而用户则受到信息不对称、表达渠道过窄等限制，无法站到对等的营销地位上。但在微信营销的模式中，这种传统的状况必须被打破。

一家房地产企业在公布其微信号和二维码后宣布，重金征求企业新楼盘的名称。在营销企划中，这次活动实际上将演变成为一次同用户的深度交流。

具体的活动方式是：在为期两周的时间内，任何加该房产企业的微信为好友的人，都可以通过文字，推送自己的"竞标说明书"，其中包括新楼盘的名称、该名称体现的内涵和特色、该名称的宣传方向和渠道、用户对该企业产品的使用经历和感受、用户对该企业所提出的建议等。而最后的奖项并不仅仅依据用户所取新名称进行评比，也依据客户提出的意见进行综合评比，选出从一等奖到三等奖的众多奖项。

活动方式公布后，该企业的众多业主、社会上关注房产的人士甚至其他房产企业的员工纷纷慕名而至，成为企业的微信好友，接着，客户和潜在客户们的感受通过微信不断推送到该企业的微信。

两周后，活动结束，通过营销团队的紧张工作，该企业得到了广泛关注，同时，又收获了潜在客户们围绕企业房地产选址、建设、销售、服务等方面给出的建议。这次营销活动得到了良好的效果。

在该案例中，微信营销成为一种深度交流的工具，而不只是企业单方面向外界做出宣传的"噱头"。通过这样的方式，深度营销成了企业和客户都能够触手可及的营销方法。

注意和用户的日常对话

微信平台的便利之处在于其对话的便捷性，在目前情况下，用户选择微信和企业交流，显然要比拨打电话或网络联系更加快速。因此，企业营销团队应该注意通过微信和用户进行日常对话——包括聆听客户建议、接受客户的信息、对客户提供帮助甚至和客户就产品相关的内容展开聊天般的交流等。

对于很多用户来说，之所以某些产品能够进入他们的生活，成为不可或缺的一部分，其中很大一部分原因在于这些产品给予了他们充分的存在感，而那些印象生疏的产品则难以带来这种感受。因此，微信带给企业的不仅仅是和用户日常沟通的机会，更是提高企业影响力的机会。

创造情境，体现集中对话的优势

当然，并不是每个对产品有所感触、希望有所表达的客户，都能始终抱有这样的想法或愿意寻找机会来表达，这就需要营销人员努力创造沟通的情景，体现集中对话的优势。

例如，以微信为载体开展群聊、通过朋友圈分享引起话题、组织以微信客户群为目标的线下活动等，或者以案例中的那种形式，采取征名、征文、有奖竞猜等活动，吸引客户的关注度，接着诱导他们阐述对企业产品的认识、批评和建议等，从而获得更多与客户对话的机会。

关注那些有强烈对话需要的客户

除了上述两种渠道之外，企业营销人员还应该关注那些有强烈对话需要的客户。例如，曾经有一家企业在微信平台上多次接到某客户的语音信息，该客户表示自己由于很喜爱该企业的产品，于是设计了一套新的运作机制，希望能通过有效途径予以提交。企业客服将这个信息迅速上报给营销经理，经理决定同这位客户展开沟通。后来在技术人员的参与下，企业确认该客户设计的成果虽然不太现实，但的确能够作为未来一种参考，于是对该客户给予了奖励以表示感谢。可想而知，这样的对话行为很快成为业内新闻，并引起了更多潜在客户的关注。实际上，那些与企业有强烈对话想法的客户，往往都是企业潜在的"义务宣传员"，一旦他们的对话获得满足，很可能会产生强大的带动力和示范性。

设计 8：提供更多服务，让用户认可

深度营销之所以"深"，是因为企业营销能够通过对客户深层次的认识和探寻，发现他们在相似的外表下各自的不同需求，并进而提供个性化、差异化的相关服务。这就意味着，只有通过深度营销，掌握客户更加全面的特点，才能让企业提供的服务具备更多意义和价值，从而获得越来越多客户的认可和支持。

个性化和差异化并非深度营销的特点，相反，任何客户在条件适当的情况下都希望自己的个性受到尊重。观察近年来各行业中运作良好的企业，其之所以能不断发展壮大品牌价值、综合实力，也正是由于这一原因。因此，利用好微信来发现客户的个性和差异，进而为他们的个性和差异服务，是企业营销中一个不可或缺的重要主题。

某商务会所的微信预订系统正式上线后，很快得到了用户的喜爱和好评。很多用户都喜欢这家企业的微信预订功能，尤其对其能够根据各自需要预定不同"服务人员"感到相当有趣。比如，根据客户留下的资料，"服务人员"会首先称呼客户为"美女"或"帅哥"，并结合对方是否第一次进行预订，提供不同的回复。另外，对于那些经常来消费的老客户，"服务人员"采取亲切而熟悉的文字，给予他们热情的推荐，并不定时地根据他们的消费经历，提供新的介绍，如客户上一次点的菜单中偏向于湘菜口味，则新的介绍会延续这一口味风格……

事实上，这家会所的微信预订系统并没有那么多熟悉情况、记忆力超群的客服人员，他们只是通过微信的接口功能，设计了更加符合每个客户特性的"自动回复"，并将之分为不同的模板，配合实际客户人员的操作，给新老客户带来更加深入、直接的个性化差异化感受。但这种感受远远超过了同行其他商家那种冰冷冷的服务体验，从而为该企业在整个市场中赢得了更好的口碑和名誉。

利用微信平台来为客户提供个性化、差异化服务，应该注意选择更为立体和丰富的模式，从而得到良好效果。

开发和利用渠道，搜集客户特点

如果不进行相应的市场调查，客户的个性化和差异化也就无从被企业熟悉。因此，企业应该充分开发和利用渠道，收集客户的相关资料。

例如，在微信加为好友之后，主动向客户提出语音沟通，从而获取客户的相应资料；在客户第一次消费之后，请他们填写表格，并予以打折的优惠；或者通过其他载体如网站、论坛、群等方式，采取不同方式，让客户主动表露其与众不同的地方，并作为今后进一步展开针对个体进行营销的有效依据。

让微信"活动"起来

有些企业同样使用微信平台来作营销，但其手段整体上显得呆板乏味，其中最大原因在于没有让微信根据不同客户的特点而"活动"起来。

例如，企业可以尝试开发不同的微信号，让每个微信号对应各自不同的客户群组，并进行相关的设计，从而传播不同方向的产品特色和服务理念。这样，微信就不再是千篇一律、千人一面的刻板渠道和工具，而是活生生地呈现企业的不同侧面，也能让客户在参与之余，重新明确自己内心的不同需要，进而得到有效的启发。

积极发现客户的不同，尝试多种分类方式

一般来说，企业营销团队限于时间或精力的原因，并不愿意对客户进行很细的分类，即使分类，也只限于新老客户、男女客户等。但是，如果企业能够在营销的起步阶段，积极划分客户，并尝试多种分类方式，在这样的分类基础上，营销团队将有更丰富的资料来开展个性化的深入营销。

客户分类的依据	
如何分类	描述
根据籍贯区分	不同地域之间的客户甚至可以形成地域圈子，支持企业的产品或服务。
根据职业区分	共同的职业会让客户具有更多的共同语言。
根据年龄段区分	出生年代相同，能够让客户采取更一致的观点看待产品或表达需求。
根据爱好区分	这种划分方式也能让客户在产品和服务的营销中更加深入地发现自我。

客户的分类依据有很多种，营销团队应该在保证自身工作时间和精力充沛的情况下，尝试多种分类方式，从而更加有效和深入地发现客户的不同点。

设计 9：深入用户圈子，吸引注意力

深度营销的另一个特质，在于对用户生活圈子所进入的深度。

"可口可乐"、"软性十足"的微信营销

在传统营销时代，企业只能围绕产品的功能对用户做出有限的关注和影响。例如，手机企业只能通过通话质量或使用感触等生活中的部分感受，来影响用户。但随着新营销时代的到来，这种将眼光局限于一隅的营销认识已经趋向于被淘汰，诸多企业都在试图包装它们的产品或服务，使之显得更加"可口可乐"、"软性十足"，不仅能够在短时间内吸引客户的眼球，同时也能利用这样的特点，让客户乐于接受产品或服务对其整个生活圈子的渗透。

事实上，便于在微信上进行营销的产品和服务，绝大多数都同用户的生活需要有着紧密的联系，如果企业能够在此基础上更进一步，通过微信平台对产品和服务进行有效包装，让用户感到它们和自己的接触更加深入、紧密、全面，成功也就离企业营销队伍不远了。

××快捷酒店在其微信平台上进行过一次原创笑话交流活动，凡是能够在活动周期内，结合该快捷酒店指定主题创作笑话，并在该酒店的微信平台上得到最佳好评的客户，将获得免费住宿一夜的奖励。除此之外，该企业从头至尾都没有再在活动中进行相关的营销宣传，只是由具体负责的营销团队

每天精选收到的几个笑话群发给其他客户，并听取他们的评论。

在活动持续过程中，由于笑话的魅力，该酒店的微信关注度逐渐上升，由最初的几十条留言上升到几百条。微信粉丝都忙着讨论笑话之间的优劣，批评那些看起来无聊乏味的笑话，称赞或转载那些质量较高的笑话，活动气氛的浓烈，超出了酒店原本的设想，甚至不得不延长一周。

值得研究的是，虽然该活动并没有和酒店本身的产品或服务有具体联系，只是在笑话指定的主题上采取了必须融入"毛巾"、"电视"、"枕头"等词语的方法，但是，用户们在分享笑话之余，对快捷酒店本身的关注度也提高了。据统计，在活动持续的过程中和结束之后，订房率有了进一步的上升，业绩也得到了提高。

案例中，营销人员并没有刻意让笑话同酒店业务产生联系，但实际上却挖掘了客户寻求快乐的深度需要。现代社会的工作压力巨大，人们更需要从笑话中得到慰藉，同样也需要在快捷酒店舒适、温暖的休息环境中让体力和精神得到恢复。从这个角度说，活动是能够引起客户的兴趣的。因此，营销人员采取了"指定关键字"的方法，从而巧妙让两者联系在一起，不仅做到了营销的"可口可乐"化，也通过迂回柔软的方式打动了潜在客户的内心。

采取更加"可口"的方式进行微信营销，不仅符合微信本身的特点，也能体现移动互联网正在形成的文化精神内涵——优质、便捷、乐活。

1. 最好的营销并不是广告

广告的确是营销的重要形式，但并不是微信平台上最好的形式。将营销中属于传统广告的内容严格限制，甚至完全去掉，能够带给潜在客户更多的不同感、收获感和轻松感，他们将能因此而感受到企业通过微信交流的诚意，而不是赤裸裸的商业目的。

当然，这并不是指忽视广告，而是让广告转为音乐、图片、视频

营销可口化		
1	最好的营销并不是广告
2	客户不喜欢总是谈论产品本身
3	用更加时尚的概念吸引客户

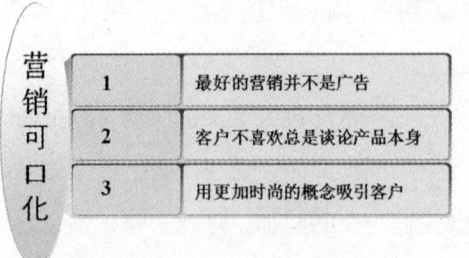

营销可口化

和小段文字，发挥其碎片化的优势，这会让广告具备更大的渗透力。

2. 客户不喜欢总是谈论产品本身

即使客户喜欢苹果手机，是否意味着他希望天天看见苹果公司的广告？答案当然不是这样。在微信平台上，企业不妨做出具体的营销计划和安排，结合既定的营销活动，固定时间内只安排一定的产品内容，而其他时间内则可以安排如服务理念、相关文化知识、生活知识或者纯粹娱乐的内容进行推送，从而分散客户的注意力，缓解产品宣传太多给他们带来的压力。

3. 用更加时尚的概念吸引客户

在微信营销中，营销人员必须意识到自己所面对的是一群社会中最时尚的人，因此，必须学会用时尚的概念来包装产品或服务的本质和理念。例如，低碳生活、环保材料或者和谐人文等，都能够让原本对单纯商业性广告厌倦的客户如沐春风，而进一步发现自己内心更多的需要。

深度营销本身是动态和变化的，这是因为企业面对的客户需求也在不断拓展，营销步伐必须要跟得上他们发展的步伐，才能获得良好的推进深度和速度，从而得到理想的效率与成果。

# 设计 10：运用辅助工具，增加新消费

说到条形码，你不可能不熟悉：超市购买的食品、商场购置的衣物，条形码在我们的生活中可谓无处不见。但是最近，一种条形码的升级版——二维码在我们的生活中悄然兴起，成为社交消费的有力辅助工具。

我们所看到的二维码是条形码的升级形式，是用以记录数据符号的几何图形。简单来说，二维码是连接丰富网络资源的钥匙。只要通过手机扫码，就可以在移动终端上获得二维码所蕴藏的资讯，完成网络世界和现实世界的转换，实现线上与线下的贯通。2012 年伴随着智能手机的普及，二维码进入了加速发展的时期，交换二维码名片，用二维码购物、登机、看电影……稍加注意，我们身边二维码的身影已随处可见了。

据统计，移动互联网网民已超过 3.56 亿，信息技术的深入发展改变了现代社会的消费行为特征。不同于机器化大生产时代，现代消费者相较于物美价廉，更加崇尚个性消费；他们除了追求品质卓越，也愿意为购买过程中的乐趣付费；广告的目标人群已不可以简单地用"受众"概括，而是更喜欢选择和分享消费信息的人。科技与消费行为的交互作用，促使移动互联网市场化扩张。如果前一个十年是网络购物的天下，那么下一个十年将是移动互联网消费的春天。

二维码有什么商业价值？

作为移动互联网的入口，二维码的商业价值也日益凸显。阿里巴巴、新浪、百度、360等互联网巨头先后介入这一市场，腾讯更是通过其庞大的用户群体迅速布局，将二维码与日益增长的微信用户相结合。据统计，在全国大城市的核心商圈里面，大约44%以上的手机，已经安装了微信的客户终端，随着移动互联网及微信的不断发展壮大，将有90%以上的智能手机用户都会安装微信。这预示着，微信二维码所能创造的商业空间不可估量。

在微信手机终端上，每个用户都有自己独一无二的二维码，涵盖着微信用户的基本资料。点击微信右上角的"十"号图标选择"扫一扫"然后对准二维码图标，只要手机有200万像素就可扫出微信二维码，获取对方微信的基本资料，与对方建立社交关系。这种便捷的互动方式，为微信二维码营销奠定了基础。

而微信二维码另一个强大之处在于，借力LBS技术，可以迅速完成线上和线下的转换，这是其他线上营销手段望尘莫及的。正如微信创始人张小龙所说，"搜索框是PC的互联网入口，二维码则是微信的互联网入口"。二维码与微信的结合使得商家的信息可以精准地触达目标消费群体，帮助商家扭转线下单一机械的经营模式，建立线上营销线下消费、支持线上支付的新体系。此外，不同于微博单纯的线上口碑营销，通过微信二维码所建立的关系链质量更高。微信用户是在线下消费之后，分享其真实的消费体验，并通过扫描二维码提供具体的企业信息。这种先消费后分享的方式，对朋友的购买行为将更具影响力。

1. 媒介模式

通过开通公共账号，企业用户可以在微信网络中直接接触用户，并通过二维码在好友圈中进行分享，如图所示。

在这个层面上，二维码就是一个蕴含着大量信息的广告载体。但是这个载体不仅是可以无限扩展的，而且是即时的、可互动的。

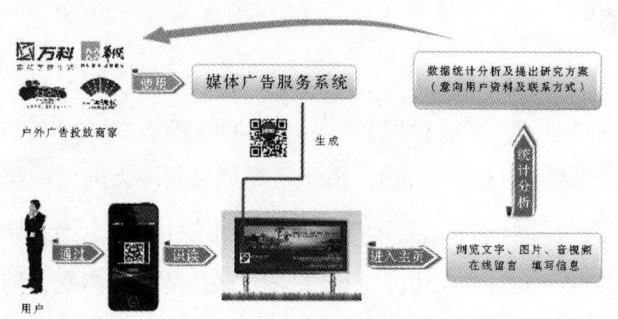

为了扩大企业的关注群体，企业可以将自己的微信二维码印在店内各处，或者印成纸巾、名片等吸引客户关注。二维码广告名片轻巧新奇，商家可以无限延伸广告内容并提高时效性。扫描二维码后，消费者即可便捷入网，手机实时查看商家所有产品及信息，快速了解广告完整信息及优惠模式。基于微信可即时互动的特点，企业通过发布调查、投票、会员注册等方式，可以在线完成客户关系管理，同时能够收集客户信息，获取消费行为的相关数据。

2. 支付手段

通过与腾讯财付通相结合，微信的二维码具备了支付、转账等功能。无论实物商品还是虚拟商品，用户均可通过拍摄商品二维码进行购买和支付，在手机上完成购买活动，做到真正意义上的一拍即购。同时，商家还可以在线推出折扣券、积分大礼等扫码即有的优惠，吸引客户主动参与到移动营销中来。

3. 作为电商平台入口而独立存在

不仅如此，二维码与微信结合还可以作为电商平台入口。客户无论在网上或者广告牌上可随时扫描商品的二维码，然后在线支付，大大简化支付程序，这必将进一步刺激网络消费。在这一层面上，二维码真正实现了O2O线上支付与线下商务的整合。

第十章

玩转微信

各界前辈如何在「风口」中前行

单日订房数破万的 7 天连锁酒店

实现 O2O 最广泛的行业之一是酒店行业，开通微信公众账号的酒店比比皆是，但是真正做出名堂的却不多。早期被当做营销教材的布丁酒店如今也销声匿迹了，许多人开始质疑，酒店到底适合玩微信吗？

7 天连锁酒店的"闪亮"数据	
备注：此调研数据为 2014 年上半年 7 天酒店的销售情况。（1 个微信运营，2 个技术开发，30 个微信客服，6 个月的时间）	
粉丝数	从 0 ~ 100 万
粉丝成为会员转化率	80%
日均微信订房数	5000 单
使用微信支付结账比例	40%
退订比例	从 20% 下降到 4%

重视体验和互动

7 天连锁酒店的公众号很奇怪——大部分查询结果都以纯文字形式回复。

虽然使用纯文字回复消息速度慢，浪费流量，但就信息传递而言，纯文字更直观，用户接受度更高。而且纯文字的退订率要小于图文消息。从用户体验角度出发的营销理念很值得后来者借鉴。

此外，在与粉丝互动方面，7 天酒店别出心裁地开展了"7 天约稿"活动，鼓励粉丝把自己旅游中的所见所闻编辑成文字来投稿，一旦录用就会给予奖励。这种互动方式一来避免了企业公众号内容匮乏的问题，同时也增加了参与感，让用户找到了自己的存在感。

线下推广 + 线上优惠

罗马不是一天建成的，微信营销说到底比的是谁更懂用户的心，谁更注重打磨细节。7 天连锁酒店采用的是线下渠道结合线上活动：线下在各个门店合适的地方贴上二维码，对入住酒店的用户进行推广；线上通过开展优惠活动，让关注的用户参与传播过程。

在吸引用户关注方面，7 天连锁酒店并没有使用价格优惠，而是为首次关注并绑定会员的用户送上一瓶矿泉水。一瓶矿泉水值多少钱？当然不值钱！但却出乎意料地受用户欢迎。7 天连锁酒店公众号上线的第一个月就轻松俘获了 20 万粉丝的心。

总之，7 天连锁酒店这个后来者，在产品和运营上不断深挖用户需求，找到了痛点，从而顺利在短时间内建立了 O2O 闭环，尝到了微信营销的甜头。如今，7 天连锁酒店成为了行业发展的领导者，为后来者树立了微时代的产品标准、服务标准和营销标准。

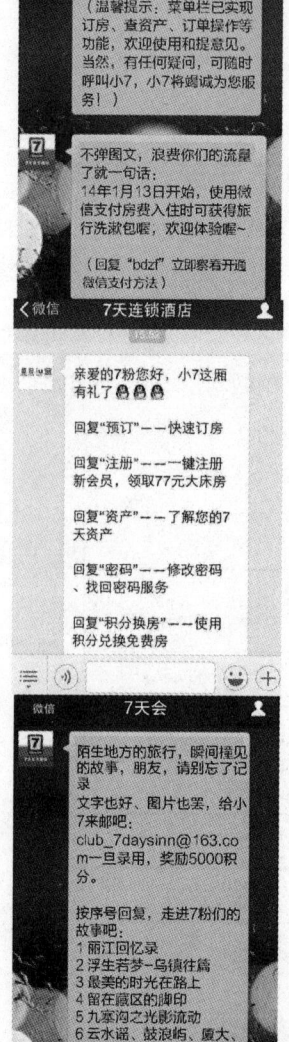

7 天连锁酒店微信公众号

未来一定会有更多的酒店在微信平台上，结合自身状况，掌控微信渠道，拥有更多用户，直通成功的罗马大道！

开展"微信实验"的三只松鼠

零食品牌三只松鼠在社会化营销上一直"有两把刷子",玩起微信来也颇为个性。如果你对企业微信公众号的印象还停留在推荐商品、打折促销、优惠券、心灵鸡汤这些传统玩法上,那么不妨看看三只松鼠别具一格的"微信实验"。

微信电台

在微信平台上,三只松鼠一共有六个微信公众号:松鼠主人、松鼠小美、松鼠小贱、松鼠小酷、三只松鼠服务中心账号,还有一个"松鼠星球"会员服务号。

六个账号中,"三只松鼠"是主账号(母账号),其功能最大、最全。

而松鼠小美、松鼠小贱、松鼠小酷三个子账号分别都有自己独立的栏目和风格,由各自的负责人独立运营。

这个电台节目是运营者原创的——自己写台本、自己用iPhone录音、剪辑,完全没请过专业电台DJ。

松鼠树洞微信公众号

三只松鼠微信账号

尽管节目没有专业度可言,但却体现了运营者的良苦用心。比起从网页上粘贴复制的文章,用户显然更喜欢这个别具一格的电台。据电台负责人讲,他们自制的音频节目,每个月的播放量都能超过1万。

现在,除了松鼠小美公众号,松鼠树洞也同时在三只松鼠主账号发送,以覆盖更多的用户。

美文、美图来自用户的"无私奉献"

大部分人运营微信公众号的思维都是"我来做内容给用户看",而不是"用户参与进来和我一起做内容"。

"ins 图片精选"是三只松鼠另一个颇受欢迎的栏目。该栏目鼓励 Instagram 的用户上传三只松鼠的形象或体验品的照片。三只松鼠再从 instagram 平台分享有意义的图文给其他微信用户。

如果图片足够有魅力,许多用户还自愿下载下来作为壁纸,无形中为三只松鼠进行品牌宣传立了功。

"松鼠小酷"公众号的任务是鼓励用户贡献自己的美文。"松鼠小酷"试图做成一个电子微杂志《松鼠志》,每期推送固定的栏目,例如"流光"就是用户投稿后制作的声音节目;"定格"是推荐电影、图书的栏目。

策划和别人不一样的东西

尽管公众号各有各的玩法,但三只松鼠这几个公众号的共同特点是"活泼、不呆板"。

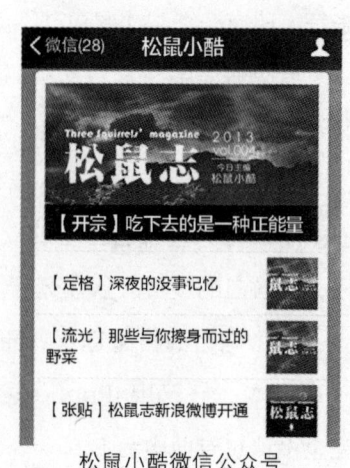

松鼠小酷微信公众号

有些公众号自以为是地将几篇看似深奥的心灵鸡汤推送到用户手中，然后就什么都不管了，这样的公众号难以有自己对品牌的观点。

在这六个微信公众号的背后，只有三个员工在操刀。他们负责策划和运营，从文案到图片、活动策划，所有的流程制作都归功于这三个人组成的微信团队。这个团队有一个特别的名字——"松鼠社会化商业实验室（Sns Lab）"，隶属于三只松鼠的 BDC（Brand Communication and User Experience Design Center——品牌传播与用户体验中心）。

其实，很多微信内容无法用流量来衡量它的价值。这几个公众账号的"主人"每天都会收到四面八方的粉丝寄来的礼物，有明信片，还有吃的、喝的——或许，这就是品牌价值的体现，至少说明有人喜欢你、认可你。

和那些善于直接往用户圈子里抛商品链接的玩法不同，三只松鼠在微信平台去电商化、重媒体化的玩法值得我们反思：不是每个用户一打开微信就有购物的冲动，花心思揣摩用户的喜好，用更多有营养的内容挑起用户的购买欲，才是稳定用户关系的营销路径！

重新定义广告标识的凯迪拉克

今日,凯迪拉克的广告,你炫耀了吗?

2015年2月1日,微信朋友圈里又出现了一则新广告,许多看到这则广告的用户都觉得"这不科学",因为此次广告的主角是凯迪拉克。一时间,凯迪拉克成了朋友圈新的"炫耀"资本。

重新定义广告标准

凯迪拉克的成功并不在于它砸了多少广告费、闯入了多少朋友圈,而在于它重新定义了广告的标准。其广告词和画面做得都非常精致。如广告词"第一次,与独具风范的你,在这里相遇。"

点开"查看详情",就会在悠扬音乐的陪伴下,欣赏凯迪拉克四次以风范为主题的向"第一次"致敬的广告画面。

有人说,如果朋友圈推送的广告都能达到这样的标准,倒也不错。

凯迪拉克朋友圈广告

凯迪拉克朋友圈系列广告

其实，凯迪拉克推出的这支朋友圈广告只是简单的几笔勾勒，抛弃了繁琐和枯燥，让用户有了新的体验。这样的广告用户基本不会排斥。当然，让用户在广告中找到想要知道的产品信息是关键，配合简单的操作在无形中增加了用户黏度。

另外，凯迪拉克打破了以往的图表式画面，将密密麻麻的广告语转化成了生动的画面，让产品特性一目了然的同时，也帮助官方微信瞬间增加了上万名粉丝。

凯迪拉克作为豪车中的"豪门大户"，一个定位高端用户的公众号非常考验运营者对广告内容的选择、制作。而选择在朋友圈推送广告后，能否延续对用户的尊贵服务，如及时回复用户问题也是一大考验。

通过凯迪拉克官方微信制作的广告来看，这些精心策划的内容在到达用户朋友圈的那一刻，有效地引起了大批粉丝的共鸣。而这种让人"上瘾"的线上体验更易促成更多的用户去体验线下更多的服务。

 ## 最"潮"创意营销的金六福

从 2011 年开始,"春运"、"回家"成了人心所向的话题。这一年,全国旅客运量为 28.53 亿人次,到了 2012 年,全国旅客运量增加到了 31.58 亿人次。

金六福酒业用最"潮"的营销手段——"金六福春节回家互助联盟"活动,诠释了当下最"火"的话题,颇具创意的营销很快收到了效果。

在"金六福春节回家互助联盟"活动中,金六福采用正流行的"微电影"形式,拍摄了首部春运真人纪实微电影——《春节,回家》,通过真实的回家故事淋漓尽致地展现了中国人春节盼团圆、盼望亲人回家的情结。该活动也成了目前国内成立最早、最有影响力的民间互助拼车公益平台。

2015 年春运期间,为了帮助更多的人顺利返乡过个团圆年,金六福启动了"全家福行动"。与以往通过各大电视台等权威媒体宣传活动不同的是,这次金六福通过微信公众账号全程对"全家福行动"做了跟踪报道。来自全国各地的游子,纷纷登陆平台报名拼车,一起回家。

有人会说"哼!这都是炒作!"企业不是慈善家,做公益的一部分原因必定是为了企业宣传。但至少,金六福用行动践行了一家企业应有的社会责任感和使命感,并赢得了各界人士的支持,如知名公益人邓飞、奥运冠军汪浩、张娟娟等等。

金六福的"贴心营销"

进入金六福的公众账号后会发现，最下面一排的选项"全家福"、"屯年货"、"幸福年历"无不洋溢着幸福、温暖的气息。

传统的白酒营销通常将目标锁定为喝酒的人群，恨不得把全部的营销力量都用在这群人身上。这种定位往往忽视了其他（包括年轻的）消费群体，也忽略了其他人的悲欢离合。

再看传统的白酒营销活动，通常是画面大气、声音浑厚、语言规整的广告，和年轻、时尚、动感完全不沾边，这样的传播不仅找不到营销的影子，也不符合当前社会年轻用户群的心理。

金六福－幸福公社微信公众号

金六福通过官方微信公众号"金六福－幸福公社"，在"全家福"里设置"晒春节回家故事，免费机票助你回家"活动，帮助用户提供多样化的回家途径，既展现了品牌的亲和力，也吸引了大量年轻用户的关注和喜爱，同时传递了浓浓的温情，提升了用户对金六福酒的品牌认知度和认可度。

做营销不是卖古董，越老越好。正如酒未必越陈越香，一些企业在高喊文化建设的同时，更应该清楚，人类每天都在创造文化和历史，而用户的消费观、价值观也在随着时间发生变化。即便是一家百年传承的企业，也不应"倚老卖老"，只有关注现实话题，关注现实中的人，进行贴心营销，才能真正走进用户的心里。

与微信支付对接的银泰百货

在银泰百货4楼女装区的Ochirly（欧时力）门店里，一位年轻时尚的女顾客拿着一条黑色蕾丝连衣裙径直走向柜台，导购员给了她一张带有二维码的纸条，她掏出手机打开微信扫描二维码，页面跳转到微信支付页面，输入支付密码点击确认，支付成功。购买一条裙子的整个过程还不到2分钟。

银泰杭州西湖店微信二维码

有了微信支付，在银泰百货购物第一次变得如此简单。或者说，解决了"支付"的痛点，用户在商场购物的体验变得如此流畅。在此之前，每逢遇到店庆、促销活动，顾客在结账时都要排起长龙。

扫码支付事小，作为一家老牌商场，银泰百货紧跟时代脉搏，追随电商的脚步更值得我们学习。

接入微信支付，解决"支付"痛点

对于百货行业来说，最头痛的事莫过于每天顾客都要排着长队等待支付，这既浪费了顾客的时间，也给商场带来了压力。对于银泰百货的客户来说，减少排队时间是最大的需求，所以银泰百货不走寻常提供咨询服务、商品介绍等路线，而是从微信支付切入，通过微信扫码就可直接支付。顾客扫码的同时，也就进入了银泰百货的客户数据中（微信公众平台），这样就与顾客建立了一种长期的联系。一旦银泰百货要进行线下引流，只要在公众账号发布消息，用户就可以看到。

借力微信平台，发挥自身优势

对于百货行业来说，从不缺少顾客，因为每天都有大量的顾客走进商场，他们缺的是"回头客"。在商品同质化的今天，所有百货都在考虑如何使顾客不断到商场来购买商品。要想解决这个问题，就必须进行线上和线下相互结合的方式，走O2O的模式。

很多企业都知道O2O，可是他们都忽视了一个核心的问题，O2O做好的前提是必须拥有巨大的客户群体，而微信公众平台帮助企业解决了这一个问题。企业可以把线上和线下的用户都锁定在微信中。银泰百货通过线下引导顾客关注其公众账号，至今已拥有了几十万的粉丝，这正是银泰百货成功实现O2O的重要原因，而对于银泰来说在线下吸引顾客关注是一件很容易的事情。因此，如果你在经营一家百货商场或开了一家店，获取关注的最好方法就是发挥线下优势，吸引顾客关注，因为在你的店里做宣传，成本接近于零。

文艺地传播文化的豆瓣同城

物质文化的富足促使我们去追求更多的精神层面的东西。在现代，越来越多的人喜欢在闲暇时看一场电影、演唱会，听一场音乐会，观一个艺术展，喜欢与人一起分享、谈论那些有着浓郁艺术气息的"精神食粮"。

当全民进入网络时代后，大量专业性强的网站如雨后春笋般出现。如知名的 Mtime 时光网、豆瓣网等等。豆瓣网拥有数以万计的粉丝，该平台以图书、音乐、电影为切入点，致力于帮助都市青年（尤其是文艺青年）发现生活中的"艺术"。

而新上线的豆瓣同城公众号，更是为城市青年打造了一个全新的"艺术社区"，让各个城市里志同道合的人们，拥有了一个线上交流、传播艺术的平台。

右图为豆瓣同城的微信公众账号。

当你输入城市名称后，它会自动"传播"该城市最新的同城活动。你也可以点开"热门分类"，查询自己要找的活动分类。

之所以说豆瓣同城是一个传播文化的"艺术社区"，是因为其文化传播具有以下特点。

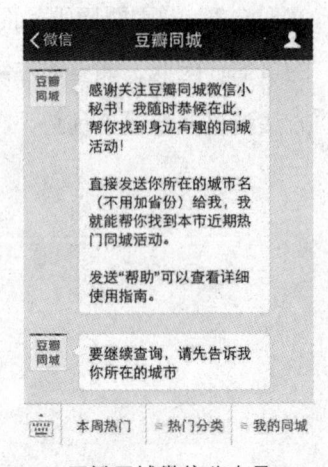

豆瓣同城微信公众号

传播主体具有多元化和独立性

传统媒体的传播者通常是社会性的组织，在

微信新媒体平台上,传播者又多了意见领袖和公众人物。而豆瓣同城的传播者通常是一些小站,具有"半官方"的性质。例如"北京老百姓剧场"、意大利文化处等等。也有一些独立音乐人建立的私人小站。从自媒体的角度看,每个小站又是一个独立的传播主体,可以通过微信平台将自己对生活、艺术的解读传播给其他用户。

豆瓣同城微信公众号

传播内容具有公益性和审美性

豆瓣同城开展的多为音乐会、艺术展、戏剧节等需要较高审美的活动。

如果你搜索北京的豆瓣同城活动,排在前三位的基本是音乐剧、话剧和免费讲座。参加这些活动需要有一定的艺术修养。而一些艺术馆、美术馆通过豆瓣同城发布的演出、展览信息,通常都是公益性质的,无需用户交任何费用即可参与。

内容受众具有国际化和分众化

豆瓣同城传播内容的高度决定了受众的主要群体是白领和大学生,因此,豆瓣同城的大部分活动主要在一二线城市。后来,许多国外的组织也开始组织同城活动,于是豆瓣的同城活动就越来越多地融合了各国、各地、各民族的经典,这正是分众化和国际化的基础。

微信平台的发展日新月异,文化传播的各项研究方兴未艾。未必每个品牌都要涂上些"文艺范儿"的色彩,但让你传播的内容更贴近年轻用户的喜好,拥有一点文艺气息未必是坏事。

 想说掉粉不容易的小米手机

2013年4月9日,是小米手机的"米粉节"。这一天,距离小米手机在微信平台注册公众账号还不到3个月,但它却迅速积累了80多万粉丝。

很多人好奇,"雷布斯"到底凭借什么本事,竟能迅速吸粉几十万,神奇的是"吸"来的粉丝还不会轻易往下掉。

其实,小米从未将微信视为销售渠道,而是将它作为一个服务平台,你在公众号搜索框输入"小米"后会发现,这么多公众号都是小米的?没错,小米充分利用了微信平台,将每个品类的服务细化。这样的定位与微博和论坛的功能有着明显的界限。

小米公司从争议声中一路走来,外界评价始终褒贬不一。不可忽视的是,"小米微信服务平台"的"拉粉玩法"的确有许多值得借鉴之处。

搜索"小米"搜出
的小米公众号

从多渠道"拉粉"

万事开头难,最重要的是尽快获得公众账号的第一批粉丝。小米手机30%的粉

丝来自活动策划、60% 的粉丝来自小米官网和电商渠道的转化。最好的办法就是利用自己现在拥有的资源获得目标客户。小米的第一批粉丝是从小米微博里面拉来的 10 万粉丝。如果你的品牌首次运营公众账号，一定不要急于用各种促销方案直接在微信平台拉粉，而是要利用现有的资源，先把自己微博里的粉丝、官方网站上的粉丝拉到微信中来，这样更有利于获取公众账号的粉丝群。

策划活动"拉粉"

当你拥有第一批粉丝后，就可以策划具体的促销活动来"拉粉"了。小米 30% 的粉丝来自促销活动。借助活动让第一批粉丝帮助我们去朋友圈里分享活动，通过忠实粉丝的"转介绍"获得更多的粉丝。

通过服务"拉粉"

以"小米手机"微信公众号为例，进入公众号后，没有任何小米手机的宣传图片。与 7 天酒店相同，小米手机也选择了纯文字推送方式，并且开门见山地说明最新在售的小米手机价格，以及服务网点和自助服务。

"掉粉率"每个公众号都存在，对于已经拥有大量粉丝的电商企业来说，利用公众账号服务好顾客，注重顾客的体验，自然能带来粉丝的增加、销售的暴增。因为粉丝会主动帮助你做宣传、做介绍。但小米坚持认为，一家公司在微信平台展开任何促销活动前，最好提醒自己：尽可能不要打扰你的用户——这就是在"拉粉"前你能做的最好的服务。

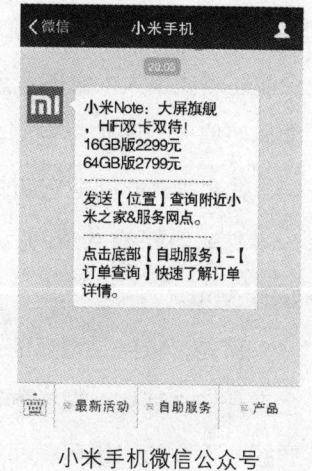

小米手机微信公众号

线上与线下结合的优衣库

将电商 O2O 做得最好的服装企业要属优衣库了，他们真正做到了线上和线下相结合。线下通过扫描二维码获得大量的客户，并且把这些客户锁定到 App 里，使之成为自己客户数据库里的一员。

任何企业如果想在短时间内使企业的财富暴增，都需要解决三个问题：产品、渠道和促销。有人说，做一款 App 企业就可以把这三个问题通通解决掉。把一款产品上传到 App 上就会有大量顾客购买。然而对于中小企业来说，没有必要自己开发 App，即使开发出来了也没有多少人会用，何况企业还需要投入大量的资金。而顾客下载一个 App 会浪费掉大量的内存空间，说不定什么时候内存不够，就会第一时间把它卸载掉。

其实最好的 App 无需自己开发，微信就是最好的 App。

首先，微信是现有的产品，企业不需要投入资金去开发；其次，很多顾客都安装了微信，他们只要扫一下微信二维码就可以直接关注企业。另外，

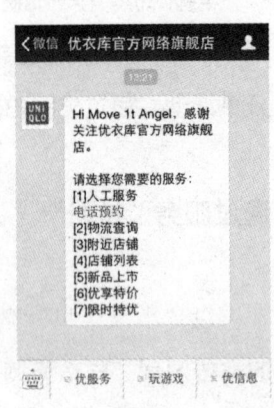

优衣库官方网络旗舰店微信公众号

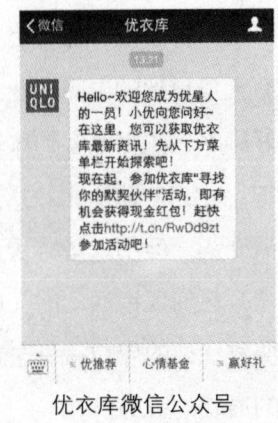

优衣库微信公众号

微信公众账号里面的功能已远远超过了普通 App 所能提供的功能，并且实现了在线支付。

优衣库有两个微信公众账号，一个是"优衣库官方网络旗舰店"，一个是"优衣库"。虽然侧重不同，但是都为实体店带来了客户源，又为电商带来了销售。一旦优衣库要做线上和线下的活动，就可以通过微信平台来实现。因为对于企业来说，拥有顾客就等于拥有了一切，所有的顾客都在微信平台上。

"优衣库官方网络旗舰店"直接指向的是优衣库的天猫旗舰店，因为天猫解决了在线支付问题。对于中小企业来说，直接申请微信支付就可以了，让顾客可以在线购买产品。

优衣库的"线上线下结合"策略	
策略	描述
锁定客户做数据库	当你在优衣库购买一件衣服时店员会告诉你，如果你扫描衣服上的二维码，就可以享受 7 折的优惠，请问你会不会扫描？当然会！ 每个用户都希望付出的少而获得的多，优衣库通过这一策略使数据库获得了 300 万客户。 对于企业来说如果有门店，则在店里推广微信公众账号是一种最好的办法，并且得到的客户质量非常高，而这样的推广方式成本几乎是零。所以说，对于传统企业最好的粉丝来源不是线上而是线下。
利用优惠券进行促销	在优衣库看来，它是全世界人类的好朋友，无论你是第一次来，还是第一百次来，它都会对你一视同仁。这是一种简单却好用的思维逻辑。优衣库没有会员卡，只要顾客扫描了企业的微信二维码，关注了微信公众账号，就变相成为了优衣库的会员。优衣库坚持要用户到店才能使用优惠折扣，这有效避免了优惠券的浪费。同时，由于没有复杂的会员体系，线上线下的互相导流和活动配合更容易立竿见影。

优衣库的微信平台更像是一种增加客户到店消费黏度的工具，其提供的有价值的折扣活动必须在线下店直接使用。企业的客户数据库越大产生的威力就越大，这也正是优衣库通过促销的产品产生大量订单的秘密。

百万订单不是梦的海底捞

据统计,海底捞每天通过微信的预订量高达100万单。

这当然不是吹牛。海底捞自从入驻微信公众平台以来,就在创造奇迹的路上越走越远。

截止到2015年年初,海底捞微信公众号的粉丝数量已近百万,并且还在以日均4000~5000人的速度激增。这些"亮瞎眼"的数据既归功于海底捞实体门店长期积累的口碑,也归功于微信公众平台的多元化功能。

如图所示,海底捞微信平台公众号:很多人在关注海底捞的官方微信公众账号后,都会被全面的自助服务震惊。

在其微信公众号的菜单上有三个醒目的模块:看、吃、玩。

"看"——信息平台

"看"提供海底捞门店信息、菜品介绍、企业新闻、招聘、产品招标等综合信息。

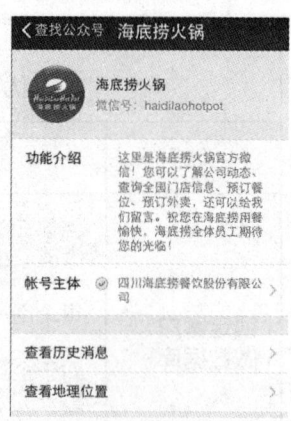

海底捞微信公众号

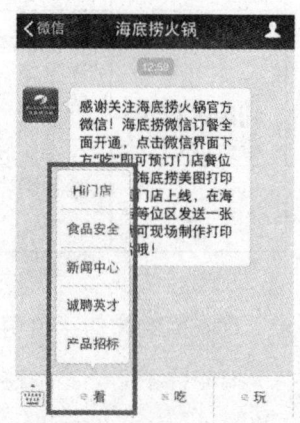

海底捞微信公众号"看"的功能

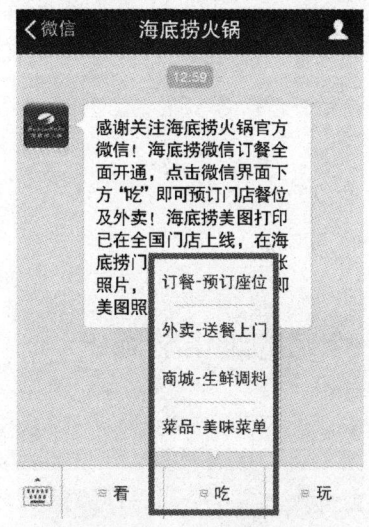

海底捞微信公众号"吃"的功能

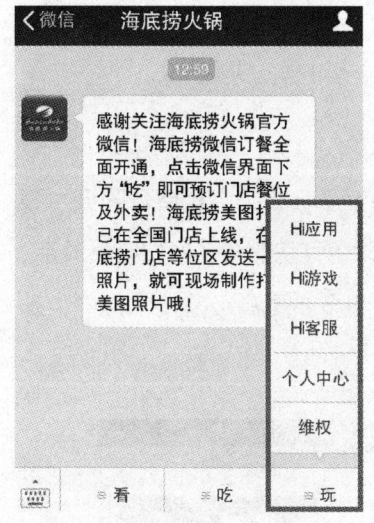

海底捞微信公众号"玩"的功能

"吃"——消费平台

"吃"可供用户预订座位、叫外卖、去线上商城选购食材和火锅底料。

"玩"——沟通平台

用户可以与客服在线交流，反馈、发表用餐感言，还可以玩几款与海底捞业务紧密结合的微信游戏……

在消费环节，海底捞还开通了微信支付。

当你在海底捞用餐后，通过微信"扫一扫"二维码，就可以实现快速付款，并享受只有微信用户才能享受到的"微信价"。这样用户出门不必带钱包、信用卡同样能到海底捞用餐，还免去了现金找零、刷卡等繁琐的步骤，既提高了门店的服务速度也让用户享受到了优惠价格，何乐不为？

综合看来，微信公众平台对于海底捞而言，已经承担了一个"移动电商"的角色。

海底捞的成功并不是微时代的特例。其实，很多从线下走到线上的传统商家，已经开始借助微信第三方平台的力量，享受"躺着挣大钱"的乐趣。

微信预定一个亿的维也纳酒店

2014年11月底,维也纳微信服务号正式上线,上线3个月日订房量提升1200%。除了用户黏性逐步增加,绑定微信的用户订房比例也逐步攀升。维也纳酒店是如何把微信绑定用户转化成订单的呢?

精准定位:果断升级服务号

维也纳酒店的定位是大型连锁酒店,这决定了它必须将订阅号升级为服务号,通过更好的定位技术为维也纳会员提供微信订房服务。例如会员关系、客服、订房、微信活动等服务功能的实现需要更多、更高级的技术接口,升级服务号是必然选择。

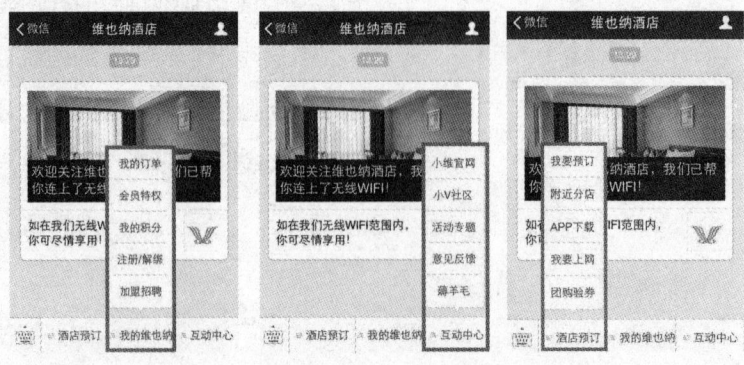

维也纳酒店微信公众号

推广策略：二维码无处不在

　　线上线下结合是维也纳微信增加粉丝的主要方式。线上包括微博、官网、会员邮件等全部打上维也纳的微信二维码，线下的宣传册、店内海报、会员卡、床头、电梯也全都标注着微信二维码，这让更多人主动添加维也纳账号，增加了粉丝数量。

微博导流和微信转化

　　维也纳积极地在微博展开各项活动，为微信导入流量。以微博传播为主、互动为辅，如"一万张钻石卡免费送"、"史上最苛刻睡客招募"等等，微信有了粉丝后再展开促销互动。由于微信平台的许多粉丝都是微博上的老用户，因而有足够的驱动力促使用户参与并使用微信订房系统。

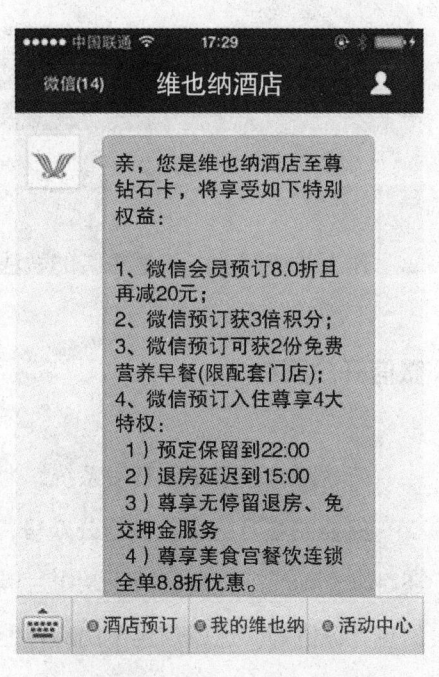

维也纳酒店至尊钻石卡享受的权益

日均出票 8000 张的万达影城

作为传统行业,万达影院的做法也值得我们参考。

微信开放系统

万达影城基于微信开发系统,为用户提供一系列的便捷票务服务。

只要关注万达影院微信公众号,就能够轻松实现在线预订、在线选座,还可以查询热门影片、待上映影片等信息、评价等,让用户足不出户就能轻松预订。

假设你和一众好友在影院附近吃饭,突然想看电影,可一想正逢周末,排队买票的人肯定很多,于是就放弃了看电影的念头。而现在,你只需马上拿出手机通过万达影院的公众号订好票,并且选的是你心仪的座位,不必再去影院门口排队买票。这样,你就可以一边和朋友吃饭,一边不慌不

万达电影微信公众号

忙地等着电影开始了，既不用担心买不到票，也不必担心选不到好座位。

二维码推广

与维也纳酒店的二维码推广策略不同，万达影院有自己的一套做法。

首先在出票的票面印上二维码，让凡是看电影的用户都可以用手机扫描二维码，配合微信平台强大的服务体系，能很好地吸引粉丝。

其次，万达影城的官方微信还会定期举办一些会员活动，增加粉丝黏度。例如，关注万达影城的微信，就可以一分钱看一场电影，尽管限制场次，但对粉丝来说也是赚到了。平时还有可乐爆米花赠送。对于万达影院而言，闲时影厅会有很多空位，与其浪费掉，不如索性拿来回馈粉丝，这一策略让万达影城微信票务渠道日均出票 8000 余张，每天都有数十万粉丝抢购。

30万人聚集微信抢购华为荣耀

在华为荣耀3X之前，2013年小米手机就率先在微信举行了专场抢购活动，在短短9分55秒的时间内15万台小米3就被抢购一空，创下抢购奇迹。究其原因，小米手机本身受粉丝喜爱是其一，但微信强大的电商潜力同样不可小觑。

所以，华为也看准时机行动了。2014年1月30日，华为新产品荣耀3X手机正式登陆微信平台。有人说，华为模仿苹果和小米的"饥饿营销"也来搅局。

随着微信5.2新版本上线，易迅平台的"精选商品"迎来了华为荣耀3X这位"新军"。华为手机依托微信平台开启了热销产品的预约活动。此次活动的预约时间一直持续到2014年2月12日。活动结束后，荣耀3X手机才开始正式发售。

华为的这次活动同样取得了良好的效果，短短几天，荣耀3X手机的总预约量就达到30万。总结华为这次活动的成功经验主要有3点。

1. 前期成功预热

华为在活动开始前，就通过微信平台（华为商城、花粉俱乐部等公众号）推送消息进行预热，并联合易迅微信平台大量曝光活动信息。正是前期的预热，让用户蠢蠢欲动，准备抢购。

2. 加入奖品驱动

开放预约时，只需用微信支付 1 分钱，即可完成预约。凡是通过微信平台成功预约并关注华为荣耀公众账号的用户，都可免费参与抽奖活动。

3. 付款方式便捷

预约成功后，用户进入原预约页面就能实现购买，支付方式分为微信支付和货到付款两种，十分便利。

微信接客 8000 人次的天虹

很多人用过微信"打飞机"聊天，那你有没有用过微信"天虹"逛街？

天虹全称"天虹商场股份有限公司"，是国有控股的中外合资连锁百货企业，其控股股东是中国航空技术深圳有限公司，隶属于中国航空工业集团的下属子公司。从实体连锁百货到 O2O 平台，天虹随着微信发展的脚步实现了完美转型。

目前，天虹微信已有数千个商品在展示销售，粉丝数量高达 40 多万，天虹每天在微信上接待的顾客超过 8000 人次！

便捷的自助服务

喜欢逛百货的人，通常都要根据指示牌寻找自己喜欢的品牌所在的位置。那么，放弃实体门店而选择微信平台的粉丝，同样对品牌和优惠信息查询有较大的需求。而天虹便捷的自助服务满足了粉丝的需求。关注天虹

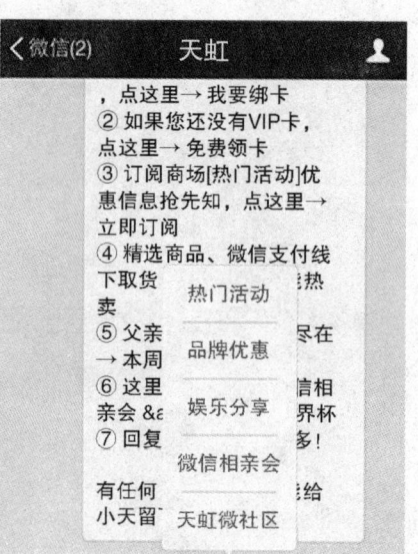

天虹微信公众号

微信，点击"购物"，屏幕中会立刻出现"抢购秒杀"、"门店精选"、"海外购"三个选项，随即再点开一个链接，就会显示相关的优惠活动、单品售价以及折扣价等等。用户不需要走到门店里，就能知道优惠活动，节省了逛街的时间。

微信支付第一开通者

天虹的微信商城是微信支付的"第一开通者"。

用户可以直接通过微信平台购买天虹商品或礼品卡。当然也可以看好了再去门店购买，可以选择在线支付，也可以选择线下付款。

天虹商场在微信平台试水，开启O2O零售模式，实现了与用户一对一互动、信息个性化订阅、会员系统无缝对接等。最初传出天虹与微信合作的消息后，天虹的股价连续几天累计上涨，天虹通过微信平台，既吸引了用户，又提高了品牌知名度，达成了持续的购物转化和关注度，可谓一举两得。

第十一章

风向预测
遇见红利，成为敢于拥抱变化的成长型企业

微信营销，再不做你又要"迟到"了

有人说，现在人人都有微信，人人都用微信，人人都想利用微信大赚一笔，微信已经快被"玩坏"了，企业现在才想起来做微信，岂不是只能吃人家剩下的残羹冷炙？

但事实恰恰相反，微信发展至今，在许多人看来，腾讯已经赚得盆满钵满，然而微信的缔造者——"微信教父"的"微信梦"还远远没有做完。今天的微信已经成长为一个超级系统平台。这个平台究竟有多大，它的边界在哪里，目前还无法定义，张小龙还在不断地探索。每个新生事物从诞生至成熟都需要一个漫长的过程，与其说微信已经被"玩坏"，不如说微信营销时代才刚刚开始。你现在不做微信营销，恐怕就真的要"迟到"了！

不管未来的风往哪里吹，若想遇见红利，我们就要做一家敢于拥抱变化的成长型企业。在时代的变迁里，参透微信营销的本质，冷静看待微信的发展。

微信的营销模式归纳起来有如下特点：

● 以通信和社交两大核心应用为主线；

● 以微信支付、电子商务、公众号、游戏、大数据为重要分支领域；

● 通过数据接口开放，联合企业共同建立一个完整的商业生态链；

● 通过在电信和移动互联网领域提供免费服务来吸收用户，通过增值服务创造利润。

用户对微信的依赖有增无减

从行为心理学的角度来分析，短信、QQ、微信、微博、电子商务等工具满足了人们的某种需要——把复杂的事情变简单。让分享、交流、商业行为更方便。

用户行为一旦养成要改变是很难的。就像不会用计算机打字的人，他一定更喜欢用笔和纸一样。这是因为大多数人都不愿重新学习，毕竟要付出努力和时间。博客之所以流行一段时间后便沉寂下来，渐渐被微博取代，就是人们总是希望用更方便、休闲、懒散、娱乐的方式来满足自己的需求。

这样看来，随着微信不断改善，用户对微信的依赖只会有增无减。

别指望微信包办一切

既然改变人的行为不是一朝一夕的，那么就不要指望微信可以包办一切。

微信建立在手机上，人们对手机的依赖很强，停留在手机上的时间也更多，但微信支付还没有真正让用户养成习惯。

目前腾讯正在下大力气解决"微信支付"，和阿里巴巴集团争夺用户，这是通往"微信金融"领域和"微电商"领域的入口。从打车软件补贴到引爆春节"新年红包"，一场连着一场。而它的对手阿里集团则主要集中在电商领域，用户使用支付宝的习惯来自于电商购物和支付宝对用户的信用支持。支付宝系统深耕多年，与国内众多银行结成合作伙伴，是被大众普遍认可的比较成熟的支付应用工具。

关于微信与阿里的竞争，目前还很难一分高下。从微信设计"红包大战"来看，虽然对增加微信支付人群有很大的帮助，但从腾讯发布的数据来看，也只是体现了"战术层面"的效果。

微信崛起得益于"天时、地利、人和"

微信迅速崛起,得益于"天时、地利、人和"——腾讯在正确的时候使用了正确的人做了正确的事。

腾讯目前和京东的合作也是极为明智的。一家成熟的企业应该"有所为有所不为"。腾讯的"为"体现在把京东最擅长的供应链管理和物流搬过来,避免了从头再造一个淘宝或者京东。同时,随着京东的上市,微信相当于进入资本市场做了一部分套现。

微信已经长大,短期内国内难以有同类对手。因此,保留简单的核心竞争力就是未来最大的战略。如果包办一切,反而失去了重点和特色,让原本轻松的世界变成了越来越沉重的平台。

构筑新商业文明的微信营销

货币形态的每一次进化,都伴随着新的商业文明出现,并影响整个社会结构和社会大分工。货币的形式,经历过金属货币、纸币、实物货币、电子货币。以微信为主的移动互联网工具,会加速这场新商业文明的变革。

移动互联网时代,很难再有"百年老店"。摩托罗拉、雅虎、索尼、IBM 不可避免地退出了舞台。下一个会是谁很难说。但人们的生活、工作界限越来越模糊了,从熟人到陌生人的交友范围大大增加;新事物、新技术和新的商业形态和人们的消费习惯交替变化,最后将演变为人类商业文明的嬗变。微信平台的建立,融合了众多的参与者与之"同呼吸、共命运",最终会构筑起"微生活"这种社会生态园。

手机终端,已经与人的距离无限接近,有人甚至呐喊,远离手机,远离朋友圈!但只要货币还作为支付手段,资本市场就是永恒的。

当微信营销无所不能的时候,人们或许会迷失自己,所有的人都在无休止地刷屏，就像绷紧的发条一样不得休息。甚至有一天我们会回归到"人类为什么活着？""究竟什么是幸福？"这些哲学层面的问题。

　　如果真的来到这一天，也是因为人类在历经社会浮躁的变迁后，懂得开始思考生命的意义和生活的价值。

大有可为的微网站

作为移动互联网的重要表现形式,微信网站运作的背后需要大量的技术来支撑,尤其要根据微信现有的技术实现。

微信技术接口概况					
技术名称	内容				
图像技术	图像搜索				
^	图像识别(尚未开放)				
^	增强现实				
语音技术	语音合成技术	残障人士设备	声纹识别技术(尚未开放)	语音识别技术	语音输入法
^	^	^	^	^	智能家居
^	^	机器人	^	^	教育医疗
^	^	^	^	^	语音控制设备
语义技术	涉及计算机对人类自然语言的数字化理解能力(尚未开放)				
其他技术	文字识别、音频、指纹、视觉搜索、垂直领域应用等等(尚未开放)				

不少人错误地认为，微信网站就是将传统的电脑（PC）端网站搬到了手机（微信）里。事实上，很多企业眼下也是这样做的，他们的微信网站要么是在微信公众账号的基础上开发了一些小应用，例如大转盘、刮刮卡等，要么只是单纯地套嵌在微信的手机页面上，却跟微信公众账号没半点关系。总之，这种以展示为主，无关微信公众号运营的微信网站很难持续吸引用户的注意力。

那么，微信网站的未来将何去何从？我将用下面几个简单的案例来说明。

"语音提醒"

微信有一个小功能叫"语音提醒"，其本质是一个高级服务号，是一个微信网站。其微信号是"voicereminder"。该账号的官方描述是"向我发送语音消息即可设置提醒"、"来自微信的语音提醒小秘书"，如下图：

我给"语音提醒"发布了两条语音：

第一条："请在今天下午三点叫我起床。"

第二条："能否在三点二十给我一个提醒让我起床？"

第一条语音是准确说明"今天下午三点"的命令，而第二条语音则是请求，没说具体时间，只说了"三点二十"，测试结果是"语音提醒"智能机器人都能听懂，并且和苹果

微信语音提醒

手机的 Siri 如出一辙地根据它自己的理解，用温柔的声音对你说："没问题，三点二十提醒起床。"

该功能正是运用了语音识别技术、语音合成技术和语义识别技术的"智能机器人"。虽然没有人工服务，但它足以撑起一个微信自带的高级服务号的微网站。

聊天机器人"小冰"

微信从不缺少热点。

2014年5月30日晚——端午节放假前夜,微软机器人"小冰"成了众人关注调侃的对象。她被加进各种微信群里,跟大家聊天。

"小冰给我们唱首歌吧!"

"套马的汉子,你威武雄壮~壮~壮~壮。"

能听懂微信群里人提问的机器人"小冰"自称是腾讯公司邀请来的:"小企鹅邀请我来到微信,就是让我来卖萌,和大家交朋友的。微信有小冰,群聊无冷场!"

机器人小冰可以实现的功能

小冰出现后,网友纷纷开始追问"小冰是谁"。

如果你在群聊中提到你的"爸爸"或"妈妈"这样的字眼,小冰就会自动回复解释:"她来自微软(亚洲)互联网工程院,是基于微软的必应(bing)搜索引擎(bing.com),对中国6亿公开的聊天记录数据进行输入、分析、输出,具备自动对话功能。"

尽管在六一儿童节当天,小冰被腾讯赶出了微信,转战新浪微博继续和网友对话,但我们至少可以通过分析小冰的功能,看到更多可以借鉴的功能。

从技术角度而言,企业的微信网站要实现以上类似的功能并不难,只要拥有专属于自己的智能机器人客服即可。你可以让她成为"小萌"、或"小呆",这是近在眼前的现实,并不是不可期的未来。

"出门问问"

"出门问问"的微信号是"chumenwenwen",该微信网站具备语音识别技术和语义识别技术。该微信号的描述是"这是一个神奇的网站,她上知天文下知地理，查餐厅，找对象，问厕所，还有……你懂的！只要关注她，她可以回答你所有的问题，只有你想不到的，没有她做不到的！听得懂，查得到，是你最贴心的私人语音助手！"

出门问问微信公众号

出门问问的回复功能

与"语音提醒"相比，这个智能机器人的缺点是只能用图文信息回复，而不能使用语音回复。

当我问它"簋街附近的川菜馆"时，它迅速做出了准确回答，并调用了一家美食网站的餐饮信息。

类似这样的微信网站其商业价值不言而喻。我们在规划自己的微信网站时，千万不要只想着展示五花八门的企业信息，而是要站在用户需求的高度，让自己的网站不仅有趣、而且有用，让用户能够通过最简单的语音在你的微信网站上，通过智能化的服务使用各种数据库信息，包括企业的相关数据信息，这样的微信网站才有更明晰的未来！

移动互联网时代的"微机遇"

腾讯对微信寄予很大希望,许多评论人甚至认为是很大"野心"。

中国互联网的三大巨头腾讯、百度和阿里都有各自的盈利模式:

腾讯——QQ;

阿里——电子商务;

百度——搜索。

面对移动互联网的浪潮,腾讯的微信无疑领先一步,在即时通讯、社交和游戏领域继续延伸腾讯公司的商业优势。如今的微信开始让阿里如芒在背,而下一个会感受到巨大压力的或许就是百度,因为微信从未停止它在搜索上的战略布局。

不难发现,无论微信版本怎么更新,"搜索"对话框都始终出现在最上方(最重要)的位置。

最上方的搜索框可以做什么?

● 对本地聊天记录进行搜索;

● 对本地好友和微信群进行搜索。

——这两项搜索都支持语音搜索。

而添加微信好友处的搜索，支持我们在微信全网数据库进行非本地化的开放搜索。在这里，你可以尝试搜索所有开通微信者的微信号，例如输入 pony，能搜到 ponyma 的微信。

这个微信号的奇特之处在于，其微信号只有 4 位。要知道，微信要求所有的微信号都不能少于 6 位。更"奇怪"的是这个微信号会同意一切加好友的请求，但我们看不到他的微信朋友圈，只能进行聊天。

这时大部分人会想到，腾讯 CEO 马化腾英文名字就叫 pony，这也为这个独特的 4 位微信号增加了几分神秘感。

有人开始不安地思考：在未来，微信会成为移动搜索的最大入口吗？

微信在 5.3.1 的版本更新后，用户收藏的内容可以按照图片、音乐、语音、链接、视频分类搜索，也可以按照标签进行本地搜索。

看上去这样的分类搜索技术已经是成熟的，随时可以用在微信搜索的任何地方。事实上，微信搜索技术最大的特点是"不让人觉得沉重"，它低调出现，以有趣为主，充分考虑移动端手机的应用场景，而从未对世人宣称微信即搜索，但它内里用的却都是搜索最先进的技术，例如下图所示的"雷达加好友"，应用的就是最先进的声波搜索技术。

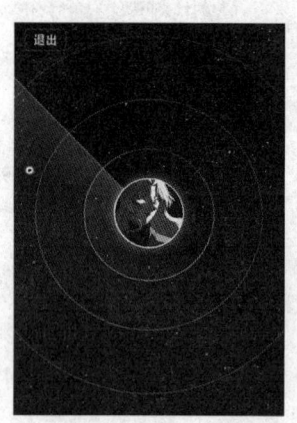

微信地理位置搜索

微信的地理位置功能使用的是地图搜索，可以进行导航及其他商业应用。地理位置能够显示周边的酒店、商场、餐馆等信息。

其中，iOS 系统的手机应用的是高德地图，

微信摇一摇

安卓系统手机应用的是腾讯地图。

微信最有特色的技术要数摇一摇里的"摇歌曲"。例如，如果你走在路上，突然想起一首歌，但却想不起来是什么歌，就可以一边唱一边通过摇一摇获取答案。这样的搜索技术调用的是搜狗音乐搜索。

2014年6月9日，搜狗微信搜索正式上线，从此微信公众账号搜索不再局限于移动端搜索，也可以通过搜狗PC端进行搜索。而微信订阅号的文章可以在PC端被全文搜索，尽管目前微信搜索的关键字匹配技术还有待提高，在微信应用内也没有搭建接口，但这却意味着微信已经迈出了重要一步。

从理论上讲，微信搜索已经开始变得像百度一样强大了，既可以搜索用户本地存储的联系人、群、聊天记录、收藏的内容，也可以在微信全网搜索公众号和相关文章。如果微信

搜狗搜索

商城按关键字的方式命名产品信息和标题，同样也能被更多用户搜到——这将是一个崭新的、基于微信的搜索引擎优化和竞价排名，更是未来新的商业热点话题。正因如此，下一步微信的搜索功能也更值得期待。

搜狗微信搜索

有人说，微信现在就好比一块"唐僧肉"。每个人都想搭乘微信的"快车道"，成为微信平台内置应用的一部分。说到底，人人都想分一杯羹。但是，随着用户需求、微信功能的增加，微信早已不是最初的"轻量级"应用。类似全网搜索的产品似乎体积过于庞大，能否恰到好处地塞在微信狭小的"躯体"里，究竟会不会带给用户更好的体验，还有待观察。

与传统互联网不同，移动互联网时代的产品必须简单、好用还要好玩。

如果微信越来越简单有趣，用户体验感越来越好，那么微信也就越有商业价值，这才是微信发展的良性循环。相反，如果微信的体积变得越来越庞大、笨拙，失去用户只是迟早的事，其商业价值也将成为泡沫。

在移动互联网时代，企业做营销和做微信一样，简单、有用、好玩才能走得更远、更久。

微信 C2C，电商大动作

2014 年 6 月 27 日，微信要做 C2C 的传言甚嚣尘上：

@龚文祥:微信下一步也在规划微信c2c，即每个人的微信头像上面，每个人的微信封面都设置了10个位置（可点击链接），每个人都可以贴上自己闲置个人商品交换，用微信零钱支付；每个人也可以卖出这位置给其他公司或个人。这样每个人微信：每人都是广告主，每人都是卖家，每个人都是"淘宝"店主。微信电商大动作！

龚文祥微博信息

如果微信个人号具备电子商务功能，可以像个人开淘宝店一样进行买卖，这是一件关系上亿活跃用户的事。曾经的预言已经变成现实，如今每个人都可以在手机上开一个微信微店卖东西。这也预示着微信在社交、即时通信、游戏三大功能外，实现了新的电子商务的功能。至于微信能否在未来大有作为则需更多理性思考。

利好消息是微信支持个人认证

微信个人号开通微店功能肯定需要申请，至少要通过认证后才可以开通。微店未来或许还会增加更多类似"店铺升级"的管理体系，这对于做微信朋友圈营销的用户是一个利好消息。例如，微店起步会员资格如果是 5000 个微信好友上限，那么每个账号支付每月 10 元使用费就能将微店好友数量升级到 10000 人，以此类推。这无疑是微信平台和微店双赢的思路。要知道，腾讯公司一直非常善于从用户身上赚钱，如卖 QQ 会员、QQ 空间黄钻、QQ 秀等，但微信一直没有找到一个向个人收费的好机会。如果开通微店的会员升级功能，必定会有大量的微信用户不满足于 5000 个好友，也定然会有人愿意主动花钱购买更高级的会员资格。

微店应该怎么卖

如果微店像淘宝一样卖产品，恐怕也要面临假货横行的危险。

为了避免假货出现，微店必须具备强大的商品管理功能。例如，需要输入产品条形码、产地、合格证等复杂的信息，用一个复杂商品管理系统做支撑，可这样的系统又违背了微信"轻"应用的战略。

因此从店铺形式上，微店应该会突出"三步完成"的概念，同平时发微信朋友圈相册一样，选照片，添加文字，就可以完成上传。既要避免承担假货横行的责任，又要简单，微店极有可能规避复杂的商品系统，甚至根本不支持新品售卖，而是让微店既满足商品展示功能，又避开商品审查的麻烦。如果微信希望吸引更多用户参与到微店中来，就必须在"交换"上做文章，而不是用电子商务的复杂"交易"模式来绑住自己。

另外，微信作为移动社交电商领域的"领导者"，必须要有创新、有特色，例如，通过卖虚拟商品能玩出更多新花样。

微店是一对一的价值交换，相互之间都已经是微信好友，所以商品的价格和品类应该更加灵活，而不局限于现有的电子商务的商品品类。举个简单的例子，在未来，我们或许可以在微店里售卖自己的时间。时间就是金钱，也可以定价，"陪你唠 10 块钱嗑"的玩笑话或许会在微店里变成现实。这就是一种创新。尤其对于那些可以卖价值观的人，卖出的时间相当于一场培训。且售卖时间等虚拟商品无须通过物流发货，简单易行。

卖货思维是"死胡同"

大部分人对微店的期待恐怕是这样：开通后以各种名义展示商品卖货，这种"卖货思维"如同在微信朋友圈里卖佛珠、卖面膜等所谓的"微商"，这些人每天不厌其烦地在朋友圈里刷屏，发布产品信息。

如果他们开通微店，在朋友圈里刷卖货信息的行为不可避免，甚至变本加厉。这将对微信的微店模式是致命打击，严重破坏微信的用户体验。

所谓的卖货思维，说白了就是简单粗暴的推销逻辑，压根与营销不沾边。

移动互联网的微信社交化营销是指"以提升客户关系为核心的商业行为"。营销需要通过真诚的互动社交，增加与微信好友之间的情感与信任——先关系后交易。发朋友圈的目的是为了打造个人号的人格魅力，调动好友的情绪，吸引用户主动点赞和评论的行为。然后再用客服的思路，解答用户问题，聊出感情后再进行买卖。

所以，微信营销的主体是"人"，不是"产品"，微信个人号的真正价值不是体现在你有多少好友，而体现在有多少微信好友真正喜欢并信任你。当然，获得这样的结果需要耐心和付出，急功近利的卖货思维只会遭人反感，总有一天要被拉黑。

微信是移动社交时代的电商产物，和传统的淘宝电商是两码事。如果你坚持认为"卖货思维"能使你走得长远，莫不如回到淘宝平台上，这里更能让你的"卖货思维"发挥得淋漓尽致。

真正明白这一道理的人并不多，所以玩微店必须摆脱"卖货思维"才有前途，否则也只能是"死胡同"。

微商城也有"出头天"

微信商城是微信公众平台向有出售物品需求的公众号（平台商户）提供的以微信支付为核心功能，支持客户关系维护、售后投诉、交易统计的一整套解决方案。只有商家完成发货、支付、用户维权的接入、体验通过认证后才能正式上线。

进驻微信商城的三个必要条件		
商品推广	商品二维码	线下扫描、直接选购
	自定义菜单	商品分类、引导购买
	商品类型消息	多重消息渠道，直指商品详情
购买支付	微信支付	App
	共享收货地址	收货地址数据共享
	支付后推荐关注	新用户支付后推荐关注公众号
售后服务	数据分析	订单流水等交易信息
	资金账户管理	财付通商家后台可进行资金结算
	客服维权	客服、维权接口，客户关系维护

由于微信商城具备移动电商和社交电商的特点，满足了很多人希望通过

微信商城发一笔财的想象，很多企业都对微信商城寄予厚望。实际上不少企业在开通了微信商城后，发现效果并没有想象得好，究其原因是，微信商城是一个"信息孤岛"，想要微信商城发挥移动电商和社交电商的优势，还需要很多其他条件。

微信商城的种类有很多，包括由拍拍微店更名的京东微店，还有腾讯的微购物，以及微信云认证的由数十家第三方开发者提供的口袋通、微购易、微商城、微电商等。

微信商城的共同点是：都是基于微信公众平台已认证的高级服务号进行开发的。但是微信公众平台仍是一个封闭的系统，客户只能在微信上通过搜索微信号、公众号昵称、打开页面链接等有限的方式了解微信商城的信息，尤其是无法通过搜索产品和店铺的关键词直达微信商城。这导致微信商城体系里尽是"信息孤岛"——除了直接关注公众账号，微信没有提供给我们其他的链接方式。

而在淘宝和天猫等传统电子商务网站内，所有店铺和商品都可以搜到，这也是我们最熟悉的购物方式。理论上，任何信息是可以连接在一起的，但由于微信体系内部中止了这种连接，导致用户不能通过习惯性地搜索第一时间找到自己需要的商品，这让微信商城的体验效果大打折扣。

所以，我们在做微信商城时，最大的难题就是如何拯救微信商城的"信息孤岛"。

当然封闭也有它的好处，微信商城所属的公众号能建立自己的粉丝群，当粉丝关系稳定后，企业就可以通过微信群发功能与粉丝（潜在购买用户）长期保持联系。

银泰商业在破解这一难题的时候，用的是"促销吸粉"的方法，这值得企业借鉴。银泰商业在各种渠道大力宣传微信商城里每天的促销活动，吸引流量，用户想要参加活动，就要先关注银泰商业的微信商城。只不过这样的活动往往需要力度相当大的促销才会有轰动效果。

例如，每块金条让利超过 3000 元，按限购 100 元计算，一次活动仅成本就要高达 30 万元，并不是所有企业都敢玩的"土豪游戏"。

尽管促销力度很大，但因银泰微信商城每个月只能给用户群发 4 次信息，所以这很难帮助微信商城有效提升客户关系，想要让用户重复购买更是难上加难。

换言之，微信商城在营销过程中只是辅助手段，营销的"主战场"还应是微信朋友圈，这里才是企业微信电子商务真正的"流量池"。微信商城的商品展示页面再完美也很难直接与用户产生交易。而通过有效提升客户关系的质量实现交易，确是微信朋友圈营销最擅长的。

因此，企业想要做好微信商城，想要真正拥有自己的用户群，首先要认真修炼微信朋友圈营销这门功课，这样才有出头之日。

转角遇见下一波红利

现实骨感。在讨论微信红利之前，不得不总结一个有些悲观的结论，但同时这也会让我们从睡梦中清醒——如果你已经错过了微信早期（已经过去的）几波红利，那么很可能在不远的未来你还会继续错过。

道理很简单，因为微信红利的一些思维和方法，可能我们看见了、听说了，但却没有去做的决心，最终真的错过了！

所以，一旦踏上了微信营销之路，一定要坚持，才不会继续错过。

从微信上线至今，你可能已经错过的红利已有四波。

第一波红利：微信自媒体订阅号

在 2012 年 8 月份微信公众平台刚上线的时候，大多数人都还意识不到智能手机带来的巨大改变。只有罗振宇、青龙老贼等一些早期做自媒体的人，很好地抓住了微信的第一波红利——在微信平台做自媒体订阅号，迅速聚集了数量可观的粉丝。

当时的环境是微信体系内的信息内容严重匮乏，只要有质量稍好的信息和价值观输出，通常都会很快获得微信用户的认可。

第一波红利：微信自媒体订阅号		
代表	模式	收获
罗振宇	供养模式（粉丝自愿供养200元或1200元）	经过两轮供养者募集，罗振宇的"逻辑思维"收获了接近千万元的收入。
鬼脚七	"七星会"收费（每个人7万元）	很快收到了40多人200多万元会费。
青龙老贼	成立自媒体联盟 WeMedia	公司化运作获得了千万元级别的投资。

这些自媒体订阅号的变现模式具有划时代的历史意义。

严格来讲，虽然自媒体订阅号的变现行为并不是商业营利模式，但却从侧面证明了微信自媒体订阅号的价值。至少收到"好处"的自媒体人，可以组建专业团队继续给用户提供有价值的信息，支撑一个团队没问题。

如今，微信自媒体订阅号这波红利已经过去了，许多后来者也试图复制他们的模式，注册一个订阅号，靠每天发点文章来笼络用户。残酷地讲，你已经完全没有机会了。不管是实体还是虚拟市场，永远是 10% 的人抢占了 90% 的机会。现在的微信订阅号信息已经不再是稀缺，而是溃烂。

那些先行一步的自媒体人当然已经成功卡位，并被微信官方封为明星式的自媒体典型供后人景仰——可这个机会真的已经错过了！

特别是企业想通过微信订阅号发文章来打造自媒体的，除非你是韩寒、郭敬明等本身具有话题性的作家，否则再好的文采也已经很难再出头了，这就是我们错过的第一波微信红利。

第二波红利：朋友圈卖货

在微信朋友圈卖货，并不等于微信朋友圈营销。只是不少人抓住了这个先机，在微信上收获了早期红利，且获利的人不占少数。现在这些人通常都把自己称为"微商"。

尽管大部分人都非常讨厌这些整天刷屏、在朋友圈里卖货的行为，但冷静下来分析一下，其商业价值还是有的。

其实微信朋友圈卖货，卖的并不是货，而是我们跟好友之间的关系，当彼此关系到了一定的程度，例如，朋友 A 就喜欢卖货的朋友 B，C 也信任这个卖货的 B，那么 B 的货就可以顺利卖出去。

但是从长远来看，微信朋友圈卖货是杀鸡取卵的行为，难以走远。也许连那些正在朋友圈卖货数钱数到手抽筋的人也不清楚，他们每售卖一次朋友关系，就会造成一次信任透支，这道理和你透支信用卡是一样的。如果不通过一些特殊的方式及时填补，把透支的信任一点点补回来，在朋友圈卖货的行为很快就会走到尽头！

第三波红利：微信群建圈子

有不少互联网圈的名人，在微博时代时，就在全国范围内具有一定影响力。待到微信上线后，便转战到微信平台，这些人由于微信好友比较多，开始建圈子，并通过微信圈子进一步扩大了他们在全国范围的影响力，这比单纯地在微博注意粉丝数量更有商业价值。

最早搭建微信圈子的人是炎黄网络的管鹏。

2013 年 9 月，管鹏建立了"K 友汇"，一个多月之后就在全国 200 多个城市成立了"K 友汇"的城市微信分群，参加人数超过 10 万人——尽管只是虚拟组织，但如果 K 友汇逐渐找到合适的营利模式，就很有可能演化为更有价值的虚拟企业。

试想，一个人凭一己之力就在全国范围内建立起了虚拟组织，谁能做到？

此后，很多人争相效仿，在微信平台建立各种各样的圈子。然而，虽然参与的人数众多，但由于每个人的价值观不同，利益诉求也不同，再加上虚拟组织运营起来非常复杂，所以很难把所有人引向同一个商业模式。

因此，就算你想要复制，机会也不大。还是同样的道理，两年前别人已经占领了先机，现在你再去建立类似"K友汇"这样的组织，一是比较困难，二是恐怕不会再有那么多人买账。

第四波红利：微信建站卖会员

做微信第三方服务就是帮人建微信商城、微信网站，迄今为止微信建站还炒得火热。可惜的是，对于企业来说，想要通过微信建站获利不会像想象得那么简单。很少有企业的产品是因为建了微信网站或者微信商城才大卖的。

在早期做第三方建站的人，他们在帮助企业建站的同时，还在全国努力发展代理，吸收企业会员，并将微信商城解决方案或微信知识、技能培训等业务卖给会员。

这些做法让个别微信第三方开发商挣到了钱，有一家广州企业在2013年度收入高达10亿元。仔细分析，这其实是有悖于商业道德的获利方式。卖会员的发财了，买会员的企业却还在挣扎。严格说，这等同于商业诈骗。

只是，在新事物发展（微信建站）初期，类似情形在所难免。个别企业就靠做几个简单的链接页面，就敢谎称自己能提供多么专业的服务。殊不知，专业的微信第三方开发服务不仅需要专业知识技能和实操技术，更需要对商业的判断和理解力。况且，没有人敢肯定地说，做了微信商城和微信网站就真能带来巨大收益，所以还是不要做这些不切实际的发财梦了。

微信的下一波红利是什么？

既然四波红利都错过了，那下一波微信红利又是什么呢？

简单来说是朋友圈营销。

朋友圈营销的重点是前期着力于提高客户关系，拉近与目标客户的距离，增加信任度和感情，并且长期维护，这样才能避免信任无限透支。

观察那些在微信朋友圈卖货卖得好的人，他们其实都特别善于用微信个人号去维护客户关系。很少有人一上来卖货就十分火爆。必须先获得对方认可，再向对方推荐一个产品才能卖好。

目前市场上最适合用来维护客户关系的就是微信个人号，微信商城和微信网站的变现能力还尚未显现，但同样可以长期关注，争取在不远的未来让它们最大限度发挥作用，不再错过接二连三的微信红利！

联合发起人

邓小斌

邓小斌公众微信号：wwwdxb
个人微信/QQ：541541319
邓小斌个人网站：www.dengxiaobin.com
电话：13928541319/18928696314

个人公众号

个人微信号

个人简介：
凯龙网络（集团）公司董事长
紫金城电商产业园总策划
中国营销学会网络营销专委会副主任
世界华人企业家协会执行秘书长
重庆驻广东团工委委员
巴蜀商会副会长
凯珑网 CEO
阳光家园健康产业电商总顾问
北大总裁研修班电商总顾问

罗家坤

手机号：13802773863
微信号：guoshangluojiakun

个人公众号

个人简介：
平台中国发起人
《大商财智系统》创始人
中国好项目落地实战专家
广东省金融学院客座教授
复旦大学哲学院华南教育中心主任
中国政法大学金融政策研究中心（筹）执行主任

微人脉

本书在写作过程中，通过面谈、微信、电话采访等方式广泛征询了粉丝的意见，并形成了与粉丝协同互动的模式，由此形成了微人脉，欢迎大家互粉交流。

吴蝶

微信号：die3333

个人微信号

个人简介：
职业会计，佛山市丰资捷机电有限公司销售主管。

钟日红

电话：13925493518

个人微信号

个人简介：
佛山市狮登堡酒业有限公司总经理
佛山市狮登堡酒业有限公司营运狮登堡葡萄酒/白兰地系列，果精伶苹果醋系列。

微人脉

邹永辉

微信号：zyhui9999

个人简介：
上海纯咖投资管理有限公司副总裁、杭州玖友营销策划有限公司董事长、美卓社联合创始人。
专注于高端白酒、高端咖啡、时尚眼镜私人订制。

个人微信号

大圣哥（齐维友）

微信号：429464938

个人简介：
南昌市美趣实业有限公司董事长、互联网社群大圣家创始人。家用洗碗机、专业家庭厨房餐具清洁设备供应商，对餐具洗涤、消毒、烘干、储存一站式解决！

个人微信号

黄俊棋

微信号：xhnr668

个人简介：
澳森牛肉执行董事
海外归来，从事雪花牛肉零售及批发。

个人微信号

柳丽芳

微信号：llf645142

个人简介：
2014年下半年进入微商，三个月时间做到全国总代理，并带有一个团队！刘小华 wehome 社群综合管理部副部长！

个人微信号

陈小雅

微信号：13674007635

个人简介：
从事保险行业，理财顾问

个人微信号

微人脉

彭敏（昵称：海星）

微信号/Q：1318069904

个人简介：
绵阳城区三江问茶茶庄总经理
kooboos 酷保全网营销

个人微信号

邓金吉

微信号：jingjindeng

个人简介：
佛山市炬业科技有限公司 CEO
韩胜尊门创始人！

个人微信号

孙挨云

微信号：DK3444

个人简介：
内蒙古智融商业投资公司 CEO
商业项目、互联网项目、农业项目投资，打造 O2O 品牌联销体。

个人微信号

邢涛

微信号：15256912987

个人简介：
守家品牌创始人

个人微信号

王崇圣

微信号：13638389936

个人简介：
精分销科技董事长/爱到家网（5idaojia.com）CEO
中国知名营销传播专家、CCTV 品牌评委、国家高级大数据分析师、国家二级婚姻咨询师。

个人微信号

微人脉

蔡水培
微信号：15816896850

个人简介：
广州宝舒蓝母婴用品有限公司联合创始人、预防雾霾婴儿车首创者、O2O 实践者、罗辑思维铁杆会员。

个人微信号

纪宁
微信号：13501367458

个人简介：
维宁文化传媒 CEO、全球体育旅游 O2O 项目创始人、北京奥运会专家委员会主任、著名体育经济专家、4A 广告大师。

个人微信号

龙婉花
微信号：qq452811097

个人简介：
创业者，媚兰 s7 高端沙龙护理官方微店店主
相识即是缘，希望和有爱，有梦想的你成为朋友！

个人微信号

吴传建
微信号：tony302138

个人简介：
宝尔本舍橱柜公司总经理
在广东佛山生活和工作

个人微信号

肖滨煌
微信号：13799863020

个人简介：
中闽八百里传统铁观音创始人

个人微信号

微人脉

 ### 王浩强

微信号：tom6688may

个人简介：
生涯规划师、易经协会会员、认证高级建筑风水师，致力于生涯规划、风水咨询与策划、养生风水传播。

个人微信号

 ### 游文雄

微信号：SZCLSD

个人简介：
任职于深圳创客品牌文化传播有限公司旗下创客 CKCOM 手机爱生活爱自由，为梦想而生，创客改变创造主流。

个人微信号

 ### 肖英法

个人简介：
江西省虹业厨房设备有限公司创始人
出生平凡，但不甘平凡，在微信创业道路上并不孤单，希望认识更多创业的朋友。

个人微信号

 ### 萧九爷

个人简介：
天涯虚拟社区资深版主、社区活动家、国家三级认证心理咨询师，湖北小微企业商会电商分会会长，【静子访谈录】长期合作方，【艾王府】、【微狐智慧教育】联合发起人、首席投资官，主要从事微金融、天使投融资项目，项目操盘融资年额度八个亿。

个人微信号

 ### 党晓萍

微信号：dxpyezi1218

个人简介：
法国黑池化妆品国际有限公司广州总经销，黑池护肤以纯天然打造素颜美肌，您值得拥有！诚招实力代理。

个人微信号

微人脉

苏鑫

微信号：redsuxin

个人简介：
福州央福电子科技有限公司 CEO
创业人士、激情、实干，O2O 实践派，专注领域：移动通讯终端、移动互联网、电商、智能物联网。

个人微信号

曾剑淮 - 卖山茶油的～茶油公子

微信号：375607825

个人微信号

王德成

微信号：decheng6063

个人简介：
广东和天下置业集团园林采购

个人微信号

张峥

微信号：extjavaee（E 神）

个人简介：
九天科技创始人
一个特立独行的人，极有可能颠覆、影响整个互联网的"危险人物"。

个人微信号

黄洪吉（小名叫阿凡提）

微信号：18632112292

个人简介：
青岛云际网络信息有限公司创始合伙人，品牌"云际天马会"。水果营养管家，专注健康农产品，打造产地直供模式。

个人微信号

微人脉

林枫
微信号：823031173

个人简介：
中华英才商社顾问委员、颠覆社商学院联合创始人、网商嘿社会联合创始人、玉树军团微营销首席讲师，拥有自己的讲师团队，帮助30多人实现月入过万的梦想。

个人微信号

龚国栋
微信号：gonggd1975

个人简介：
广东创誉律师事务所律师、佛山市律师协会民事法律专业委员会委员、中华全国律师协会会员。

车油汇 施公子（施纯育）
微信号：OMCCEO

个人简介：
香港东箭照明CEO、车油汇发起人
从事电子及化工十五年以上，2003年香港工业奖得奖企业，至力于推动环保，鼓励年轻人创业。

个人微信号

周紫琦
微信号：zhouguangli888

个人简介：
三八凤凰文化传播有限公司创始人
专注于企业培训、企业礼仪策划、企业形象策划等领域。

个人微信号

清晨阳光（陈光）
微信号：chenguang573583699

个人简介：
广州肌本法集团执行董事、广州发龙生物科技有限公司董事长、国内首款自发热发膜BPA120研发人。
从事化妆品、护肤品、营养保健品营销行业15年以上。

个人微信号

微人脉

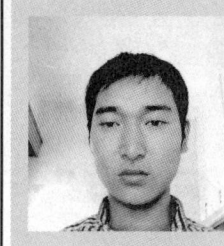

李波
微信号：libolibo12345

个人简介：
就职于川森木业有限公司

个人微信号

李卫婷
微信号：liweiting9979

个人简介：
洪丰建材商行总经理

个人微信号

朱龙飞
微信号：18666503003

个人微信号

俞翔
微信号：84081123

个人简介：
未未来成长学院创始合伙人、总设计师
未未来成长学院是以儿童社会体验为平台，以家庭成长教育为核心，以亲子文化旅游为辅助，全情打造儿童想象力、生命力的乐土。

个人微信号

王晓辉
微信号：976973000@qq.com

个人简介：
郑州市大鹏针织总经理

个人微信号

微人脉

陈金水（Jack）

微信号：15160022920

个人简介：
厦门火山云文化传播有限公司负责人
厦门帝文家居用品有限公司负责人
漳州松鼠游文化传播有限公司合伙人

个人微信号

刘小华

微信号：2660908648

个人简介：
社群经济资深专家、《社群经济学》主编、微领袖商学院执行院长、北京大办公集团服务有限公司总经理、宁夏杞美人生物科技有限公司总经理、微峰（中国）电子商务有限公司CEO、地球救援环保公益组织执行委员会负责人、中国最好学习型社群Wehome社群创始人、中国微领袖社群联盟联合发起人、中国微社力社群联盟联合发起人。

个人微信号

林椛

微信号：ZDWH 7287

个人简介：
中道文化股东

个人微信号

小拉

微信号：65192295

个人简介：
深圳小拉科技有限公司创始人
爱工作，更爱生活；爱监控，更爱小拉。

个人微信号

黄权

微信号：cc-ceo 2003831

个人简介：
佛山市原味园餐饮有限公司董事长
佛山市原味园餐饮有限公司主营云南高原野生菌，致力于为广大顾客提供健康的饮食理念和优质的健康食材。

个人微信号

微人脉

柯桂东（小柯）

微信号：keguidong

个人简介：
汕头市艾贝乐服饰有限公司 CEO
母婴资源整合自媒体人、艾贝乐母婴品牌创始人、做母婴柔性化供应链贴牌，目前与多家电商品牌深度合作。

个人微信号

吴高远

个人简介：
地球救援环保公益组织创始人、移动互联网天使投资基金创始合伙人、智游教育创始人，被誉为"中国粉丝经济投资第一人"、创办微领袖木马学院、创立了"粉丝经济工业化投资理论"，详见其著作《粉丝经济学》。

王力

微信号：IT100-001

个人简介：
光头仔酒楼、光头仔农家乐、光头仔童装微信营销策划、微信公众号营销策划。

个人微信号

张慧杰

微信号：sasha8311

个人简介：
Kooboos 电商公司总经理
多年世界 500 强外企销售及销售管理经验

个人微信号

李丽珍

微信号：li0123688
手机号：13318310832/13590546277

个人微信号

微人脉

黄丽君

微信号：jrf111888

个人简介：
投资人、财务总监
经营"淳天然"品牌蔬菜，集种植、销售、配送于一体，致力于为人们提供纯天然绿色健康蔬菜。

个人微信号

杨哲

微信号：13834234137

个人简介：
新媒体实践者、研究者，O2O 落地营销策划，O2O 项目孵化合伙人。

个人微信号

黄香香

微信号：15989228818

个人简介：
V18 品牌护肤品
法国碧姬芙国际 V18 品牌中国运营部总监

个人微信号

黄思帆

微信号：369164929

个人简介：
深圳市中联航国际货运代理有限公司总经理
广州淘逸儿商贸有限公司总经理（知尚女装）

个人微信号

曾健儿

微信号：kiki440682

个人简介：
世界环旅旅游电商专家
专注于加气砖、灰砂砖、建材领域。

个人微信号

微人脉

陈似青

微信号：13621711097

个人简介：
美国天慈集团上海明宏生物工程有限公司总经理
致力于让"生命佰草"成为中国最有价值的健康连锁品牌

个人微信号

周利民

微信号：383207893

个人简介：
浙江赛万特科技有限公司总经理
天花板材料、家电、电气开关，LED面板、IT氧化铝板、镜面铝、彩涂铝新材料制造商、供应商！

个人微信号

赵峰

微信号：arayzzf

个人简介：
广州市传悦化妆品有限公司CEO

个人微信号

赵子龙

微信号：tw0986956111

个人简介：
港都国际旅游集团、台湾小巴租车有限公司总经理

个人微信号

江均平

微信号：一叶孤舟

个人简介：
广东省省级星评员
旅游行业高级经理人

个人微信号

微人脉

袁蓓
微信号：wabeibei

个人简介：
室内软装设计师

个人微信号

胡婕
微信号：hujie3251855

个人简介：
国务院发展研究中心 – 中国经济年鉴社项目经理
曾任共青团中央 – 中国青少年发展服务中心，中国少年科学院项目主管。

个人微信号

侯宪武
微信号：hg90000
公众号：houge80000

个人简介：
郑州微领袖网络科技有限公司 CEO、心理银行创始人、资深企业管理顾问、职业经理人、天使投资人、著名自媒体人，专注于心理学应用研究及推广 20 年，聚成股份特约心理学讲师。 曾辅导一百多家生产企业迅速成长，任多家企业总经理，著有《笔迹心理学》《游戏心理学应用》。

个人公众号

罗建群
微信号：gzbamboo

个人简介：
广州置美信息科技有限公司 CEO 广州富韵竹园林绿化工程公司 CEO 投资旅游、园林工程、电商、微商等领域。

个人微信号

冯彩虹
微信号：Rainbowfengwechat

个人简介：
主要经营硅酸钙板、复合墙板、内外墙硅酸钙装饰板、以及别墅、简易房整套方案服务。

个人微信号

微人脉

高孝平
微信号：GXP18688321668

个人简介：
商业联盟项目策划
专注于绿色文化、绿色产品的推广。

个人微信号

熊玉宇
微信号：zdwh698 / kuailege8629

个人简介：
广东中道文化传播有限公司副总经理、自媒体人

个人微信号

罗爱清
微信号：lanhai_170018084

个人简介：
广东中道文化传播有限公司养生师、国家养生指导师、广东省健康科谱志愿者。

个人微信号

陶彩琴
微信号：tao59318715

个人简介：
黄山市致信商贸有限公司总经理、中道果业管理员、凯龙微商军团盟主、女性健康咨询师。

个人微信号

张雁南
微信号：18620118808

个人简介：
KooBoos 酷保胸膜创始人
致力于女性胸部健康和美丽的事业，希望不仅健康美丽消费者的身材，也美丽她们的事业。

个人微信号

微人脉

高婷婷

微信号：TT51865

个人简介：
微商盟主、KOOBOOS 胸膜安徽总代

个人微信号

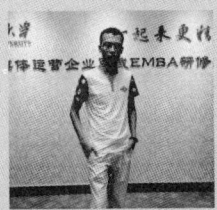

戴国坤

微信号：dgk19851118

个人简介：
个人融资业务咨询

个人微信号

刘君华

微信号：18668319493

个人简介：
新疆健康食品浙江总代，在健康产业的道路上奋斗。

个人微信号

李晨坤

微信号：673492929

个人简介：
内衣设计

个人微信号

宋敏

微信号：599262145

个人简介：
中道商学院管理员
微领袖商学院系统推广员

个人微信号

微人脉

谢宾
微信号：15103405539

个人简介：
女装品牌实体店店主

个人微信号

黄家琪
微信号：497465969

个人简介：
中道文化职员

个人微信号

戴培裕
微信号：huihuiglass00009

个人简介：
广东中道商学院管理员
从事建筑玻璃、产业玻璃、工程玻璃行业。

个人微信号

陈真
微信号：chenzhen88888

个人简介：
楼盘销售
乐观积极，适应能力强，注重团队精神，具有较强的交际能力并保持良好的人际关系。

个人微信号

俏妈
微信号：qiaoma1509633589

个人简介：
俏妈手工定制阿胶糕创始人
微营销团队招募中，期待您的加入。为客户量身定制阿胶糕，食材亲选，每一片都包含俏妈满满的心意

个人微信号

微人脉

叶蕾（爱称：叶柔君）

微信号：yldaxia888

个人简介：
广东中道文化管理员
广东中道果业管理员
主营中韩品牌化妆品

个人微信号

白志彪

微信号：b724289580

个人简介：
中医药膳师，现任广东省梅花桩研究会副会长，多次荣获省市武术比赛优胜奖！倡导医武合一，来进行健康养生！效果显著！

个人微信号

魏跃生

微信号：wys5353

个人简介：
北海天宁地产公司市场营销总监
曾任广州美奇投资有限公司董事长助理、市场营销总监等职。

个人微信号

齐冲

微信号：qichong5211314

个人简介：
烫染导师

个人微信号

赵菊才

微信号：zjc377508044

个人简介：
职旅游公司总顾问、两家建筑公司创始人
2013年和2014年分别投资两家公司成为原始股东。

个人微信号

微人脉

王陈号
微信号：wangyuefengzi

个人简介：
非著名互联网从业人员．

个人微信号

陈兆辉，号喜林居士
微信号：13809855195

个人简介：
四合院·喜临饭局园林私家厨房掌柜、自由创业者、学艺术，夸界做营销。简单生活，崇尚自然！

个人微信号

林嘉华
微信号：13286658288

个人简介：
全球林氏宗亲联谊会会长、全球林氏（国际）集团董事局主席
对人文气场地理颇有研究。

个人微信号

袁建强
微信号：793502964

个人简介：
佛山市弘润食品有限公司董事长
（弘一）品牌天然弱碱性山泉水创始人

个人微信号